Fritz Tendering

Laut- und Formenlehre des poitevinischen Katharinenlebens

Fritz Tendering

Laut- und Formenlehre des poitevinischen Katharinenlebens

ISBN/EAN: 9783743403482

Hergestellt in Europa, USA, Kanada, Australien, Japan

Cover: Foto ©Thomas Meinert / pixelio.de

Manufactured and distributed by brebook publishing software (www.brebook.com)

Fritz Tendering

Laut- und Formenlehre des poitevinischen Katharinenlebens

Laut- und Formenlehre

des

poitevinischen Katharinenlebens.

Inaugural-Dissertation

zur

Erlangung der Doktorwürde

bei der

philosophischen Fakultät der Rheinischen Friedrich-Wilhelms-Universität
zu Bonn

eingereicht und mit den beigefügten Thesen verteidigt am
Freitag, den 9. Juni 1882 um 12 Uhr

von

Fritz Tendering

aus Rees.

Opponenten:

Ewald Görlich, Dr. phil.
Max Mirisch, cand. phil.
Ludwig Seelbach, cand. phil.

Braunschweig.
Druck von George Westermann.
1882.

Meinen Eltern

in

Dankbarkeit

gewidmet.

Lebenslauf.

Ich Fritz Tendering, Sohn des Kaufmanns Wilhelm Tendering und der Friederike Tendering geb. Paschedag, wurde am 26. November 1855 zu Rees geboren. Ich bin evangelischer Konfession. Nachdem ich die Rektoratschule meiner Vaterstadt absolviert hatte, besuchte ich vom Herbst 1870 ab das Gymnasium zu Wesel. Im Herbst 1875 mit dem Zeugnisse der Reife entlassen, studierte ich Philologie an den Universitäten: Erlangen, 1 Semester; Tübingen, 2 Semester; Berlin, 2 Semester; Paris, 1 Semester; London, 1 Semester; Bonn, 2 Semester. In Tübingen genügte ich zugleich meiner Dienstpflicht. Im Mai 1881 bestand ich in Bonn das examen pro facultate docendi und bin jetzt an der Gewerbeschule zu Saarbrücken als Lehrer thätig.

Meine Lehrer waren folgende Herren:

In Erlangen: Hegel, von Raumer, Wölfflin. In Tübingen: von Keller, Köstlin, Kugler, Milner, Peschier, von Sigwart. In Berlin: Bresslau, Harms, Henning, Kiepert, Märcker, Michaelis, Müllenhoff, Müller, Nitzsch, Paulsen, Tobler, von Treitschke, Zupitza. In Paris: Paul Meyer, Gaston Paris. In London: Henry Morley. In Bonn: Bischoff, Förster, Franck, J. B. Meyer, Wilmanns.

Allen diesen Herren, namentlich aber Herrn Prof. W. Förster in Bonn, der auch die Güte hatte, mir seine Kopie des Manuskriptes des Katharinenlebens zur Anfertigung vorliegender Arbeit zu überlassen, sage ich hierdurch meinen herzlichsten Dank.

Thesen.

1) Für die Dialektforschung in den romanischen Sprachen sind die Ideen, welche Paul Meyer (Rom. VIII, 469 ff) entwickelt, stets im Auge zu behalten.

2) *ordre* ist nicht nur spanisch, sondern auch altfranzösisch *generis communis*.

3) Die Bedeutung *aufhäufen*, welche Bartsch (Chr. fr. S. 556) dem Worte *chanchier* beilegt, ist eine sekundäre, dort zufällig aus dem Kontexte sich darbietende; eigentlich bedeutet es *niedertreten*.

4) Der Entwicklung von *acucucula* zu *aiguille* vergleicht sich die von *acutiare* zu *aiguiser*.

5) Bei der Feststellung der Aussprache des Lateinischen sind die romanischen Sprachen heranzuziehen.

6) Die starken Verba des Französischen sind auch in der Schulgrammatik nach der Perfektbildung zu ordnen.

7) Die körperliche Züchtigung ist aus der Schule nicht gänzlich zu verbannen.

I. Lautlehre.*

A. Vokalismus.

A

1) Betontes lat. *a* in offener Silbe wird *e*: *lez* (*latus*) 42, *contrea* 142, *gre* 304, *ber* 1379, *pere* 159, 237, 658, *lere* 38; Infinitiv der 1. lat. Konj.: *parler* 421, 523, 538, 540, *amer* 1826; Part. Prät. der 1. Konj.: *livrés* 31, *celé* 62, *mandé* 195, 335, 386; 3. Pers. Plur. Prät. der 1. Konj.: *comencérunt* 13, *enseignerent* 21, *vanterent* 328; Suffix —*arem*: *cengler* 552.

e = *a* reimt mit ę = lat. ĕ. Neben den korrekt franz. Fällen *poesté* zu *dé* (*deum*) 862, 977, 997, 1860, *vanterent* zu *erent* 328, *emperere* zu *ere* 634, *lere* (*latro*) zu *ere* 37 finden wir *poesté* zu *bre* (*brevem*) 1226, *soner* zu *fer* (*ferum*) 940, *alunger* zu *fer* 2471.

2) *a* bleibt in den bekannten einsilbigen Wörtern: *ja* 31, 67, 85, *quar* 52, 56, 75, 120, *a* (*ad*) 3, 31, 43, 57, 61; durch Einfluſs des folgenden *l* in *al* (*aliud*) 1440, 1488, 1620, 1800, *mal* 558, 581, 1487, sowie in *tal* 428, 1337, 1478, *qual* 273, 290, 377, 378, und im Suffix —*alis*: *egal* 93, *mortal* 1567, 1858, 2247, *celestial* 1568, 1798, *mortalz* 29, 762, *charnauz* 973, (mit Verwandlung des *l* zu *u*) *orientauz* 329, *esperitauz* 761, 894. — *Mal* reimt mit *sal* (*salvum*) 581, 1027, 1627, 2289, *al* mit *sal* 2107. Sonst reimen diese Wörter nur untereinander. Hervorzuheben ist *pars* (*parem*) 52.

---

* Herr Görlich hatte die Güte, mir aus seiner vor einiger Zeit erschienenen Arbeit über die übrigen poitevinischen Texte und eine Anzahl Urkunden einige Notizen mitzuteilen. Dieselben sind mit (G.) bezeichnet.

3) Ferner bleibt *a* in einigen anderen Fällen, von denen jedoch keiner durch Reim gesichert ist: *ciptá* 2260, *asás* 664, *resucitás* (*resuscitatus*) 655, *comandá* 542, *muar* 858, *donar* 36, *predicar* 410, *destorbar* 2510, *remas* (*remansum*) 2272, *grava* (*gravat*) 70, 876.

Die Erhaltung des *a* vor *l* findet sich auf dem ganzen poitevinischen Gebiet. Vor andern Konsonanten bleibt es zuweilen in den Coutumes de Charroux und einmal im Turpin I (5714) *arbergiar* 274, 4. (G.)

4) Die Präposition *trans* findet sich nur in Zusammensetzungen, und zwar wird *a* stets zu *e* in der Verbindung mit *totum*, in allen anderen Fällen bleibt *a*: *trestot* 88, 2366, *trestoz* 26, 408, 473, *trestuit* 582, 1694. — *trapassarent* (3. Pl. Fut.) 1126, *trapassabla* 1555, *tramet* 1426, 2567, *trames* 380.

5) Obgleich der Infinitiv der 1. lat. Konj., mit den in § 3 angeführten Ausnahmen, stets auf —*er* endigt, so findet sich doch vortonig im Fut. und Kond. nach prov. Art etwas öfter *a* wie *e*: *donarei* 363, *fiarai* 270, *regnares* 451, *portara* 1227, *enclinarent* 1174, *contrarit* 2002, *regnareit* 818, 826; — aber rein franz. *nomerai* 812, *blasmerai* 2354, *travaillerais* 1179, *laisereit* 828.

6) *a* vor einfachem *m* und *n* bleibt: *am* 1405, *ame* 1192, 2610, *clame* 2052, *fam* 1310, 1762, *van* 2521. Wir schliefsen hier an *anz* (*ante* + *s*) 194, 441, 580, wo das Franz. *ai* hat, obwohl auf den Nasal noch ein Konson. folgt. Die einzigen Ausnahmen sind *setmaina* 2650 und *plentain* (*plentanum) 2560. Während die Reime *ame* zu *dame* 1192, 2610, *clame* zu *dame* 2052, *am* zu *parlam* 1405 die ersteren Formen bestätigen, setzen die Reime *setmaina* zu *peina* (*poenam*) 2650 und *humana* zu *pana* (*poenam*) 905 die Entwickelung zu ę voraus entsprechend derjenigen von *oe*.

Der gemeinpoitevinische Gebrauch stimmt mit dem franz., nur selten bleibt *a*. (G.)

Die Endung —*amus* der 1. Plur. Prät. der *a*-Verba wird zu *am*, s. § 150.

7) Entsprechend dem obigen zeigt das Suffix —*ianum* verschiedene Formen: 1) *a* bleibt: *crestian* 1059, 1901, *crestiäns* (*crestianz*) 879, 890, 1482, *ancians* 165. — *ancians* reimt mit dem gelehrten *rectoricans* (wofür auch *rectorien* 530) und *crestianes* mit *fennes* 946 (durch Einflufs der Nasalierung). — 2) *a* wird *e*, reimend mit lat. ę + n, die gewöhnliche franz. Entwickelung: *ancien* zu *bien* 19, *crestien* zu *men* (*meum*) 1886, zu *sen* (*seum) 2350, zu *bien* 2384, *crestïens* zu *porpens*

(Ms. *porpeis*) 2156, zu *paiens* 2171, *paien* zu *porpens* 260, zu *crestiens* 2172. — 3) Seltener ist unter dem Einfluſs des vortonigen *i*-Lauts die Endung *zu* —*in* geworden; im Reim mit andern Wörtern findet sich diese Form nicht: *crestiis* 2128, *cristüne* 1364, *paīn* 810, *païns* 2120, 2127, *païne* (*paina*) 543, 819, 1363. — *païne* 543 reimt mit *crestiane*.

Paina bietet auch Turpin I einmal 333, 3., Turpin II hat hier regelrecht *paiane* (G.)

8) *a* $+$ *I* wird *ai*, selten ist dafür *ei* eingetreten: *aire* 50, 84, 155, *naistre* 2335, *aigue* (*aquam*) 1312, *maire* (*major*) 1132; — *neist* (*nascit*) 2632, *eisi* 1430, *feiras* (Fut. von *faire*) 1195. — Die Assonanz *maistres* zu *espavéntes* 671 deutet die lautliche Entwickelung zu ę an. — Überwiegend findet sich *ei* für *ai* wie im Waldens., wo überhaupt oft *ei* für *ai* steht (vergl. Grützmacher, Herrigs Archiv XVI, 383 ff., Jahrb. IV, 378 u. 384 f.) in der Endung der 1. Pers. Sing. des Prät. der 1. schw. Konj. und des Fut.: *laisei* 545, 559, *gitei* 561, *mengei* 1790, *parlei* 2074; — *livrarei* 2190, *gitarei* 2204, *tendrei* 950, *savrei* 1152, *direi* 416. — Daneben *laisai* 247, 549, 563, *nomerai* 812, *blasmerai* 2354, *irai* 1239, *farai* 1123.

Auch die Coutumes de Charroux haben im Prät. *ey* statt *ai* (G.)

Für *palais* (*palasium) steht *palis* 1374, für *lais'* (*laxia*) *lis* 2453; neben prov. *aisi* 203, 1107, 1881, *eisi* 1430 lesen wir gewöhnlich franz. *issi* 280, 360, 406.

Patrem wird gewöhnlich *pere*, zweimal finden wir jedoch die prov. Form *paire* 590, 1689.

Neben *mais* (*magis*) 7, 25, 35, steht zweimal *mas* 268, 1144.

Traitre-s (*traditor*) findet sich dreimal: 2, 215, 1008. — In den beiden Versen 215 und 1008 „*li traitres primeirament*" und „*et le traitres sudujanz*" ist sicher *aī* zu sprechen. In Vers 2 ist diese Aussprache nur möglich bei einer Änderung der Überlieferung „*et coma traitre deveez*" dergestalt, daſs entweder *com* für *coma* oder das gleichbedeutende *desvez* für *deveez* eintritt.

9) Das Suffix —*arium* wird gewöhnlich —*er*, reimend mit *e* $=$ lat. *a* oder lat. ĕ: *primer* 177, zu *parler* 524, *chavallers* zu *requers* 1486, zu *cher* (*carum*) 1705, *acer* zu *fer* (*ferrum*) 2081, *justisers* 1748, *moneer* (*monetarium*) 1145. — *locarium* wird *loier* zu *quier* 501, zu *desputer* 519, zu *er* (*heri*) 1604, zu *cher* 1631; einmal finden wir *loer* 1578 und einmal *loir* 1613, aber letzteres im Reime zu *porpesser*. — Zuweilen tritt *ei* für *e* ein, allein die Reime mit ę $=$ a oder ĕ beweisen, daſs hier kein lautlicher Unterschied vorliegt; *ei* findet sich nur in Wörtern mit

weiblicher Endung (auch im Adverb mit —*mente*), *lumneire* zu *eire* (*eram*) 245, zu *emperere* 1268, *maneira* 681, *corseires* (*corpus* + *arium* = stark) 2012, *primeira* zu *ere* (*erat*) 541, *preieira* 1246, *primeirament* 215, 538, 1078, *legeirament* 1483. — Jüngere Wörter haben *ai*: *contraire* 360, 417, 512, *aversaire* 1291, *viaire* 359, 1427.

10) In den unter das Bartschsche Lautgesetz fallenden Wörtern findet sich nur selten *ie*: *comencié* zu *chavoné* 612, *congié* 1649, *mengié* zu *isté* 1720, *legier* zu *plorer* 2505, *despresier* zu *ister* 1090. — Meist bleibt *e*: *amisté* 1388, *pidé* 1864, 2511, *irés* 2130, 2175, *coseiller* 1193, *comencer* 74, *preisé* 530, *reprocher* 805.

In *chargié* reimend mit *pajanie* 720 zeigt sich die pikard. (Förster chev. as d. esp. S. 415; de Ven. la d. d'am. S. 51) und weiterhin burg. u. lothr. (Förster Rich. l. b. S. IX) Übertragung des Accents auf *i*. Ebenso finden wir *chis* 2204 und *chins* 2434 neben *chiens* 2295, 2300.

ei für *e* findet sich in *cheil* (*caleat*) 1090, wo jedoch vielleicht *i* dem nachtonigen *e* im Hiatus entspricht; vergl. *tein* (*teneo*) 50.

11) *a* + *U* zeigt verschiedene Entwickelung: *clavum* wird *clou* 2079, *clouz* 2082, aber *clos* 41, 2033; *vado* giebt *vou* 1968, 2518, aber im Reim *voi* (mit analog. *i*) zu *joi* 1258, zu *soi* (*sapui*) 2514 (s. § 170). — *apud* wird meist *o* 153, 246, 371, 428; daneben *au* 866, 958, 1300, 1391, 2093 und *ab* 316, 960, 975, 1701. Ebenso *otant* 459 neben *abtant* 231. — Die Präterita von *habere, placere, sapere* zeigen stets *o*: *oi* 553, 700, 1797, *ot* 29, 44, 71, 159, 425, 426, *orent* 2265, *plot* 2286, *soi* 553, 2321, *sot* 2131, *sorent* 927, 1348. — *vadunt* wird immer *vant* 738, 1496, 1588, 2633; *habent* giebt einmal *ont* 1632, und *faciunt* einmal *font* 1784, sonst stets *ant* 82, 93, 260, 263, *fant* 47, 89, 90, 266, 274. *fant* reimt mit *comant* 89, und *ant* seinerseits mit *fant* 273, 277. — Für —*ant* ist in der Endung der 3. Plur. Fut. oft —*ent* eingetreten. Neben *vengerant* 1091, *parlarant* 263, *murant* 1623, *oirant* 264 finden wir *trapasarent* 1126, *dirent* 1161, *enclinarent* 1174, *regnarent* 1630, *vivrent* 1629. — *savrant* reimt mit *grant* 1162. — Je einmal finden sich —*ont* und —*unt*: *tornaeront* 442, *creirunt* 1710. — Entsprechend den Formen *vant* etc. wird die Endung —*amus* gewöhnlich zu —*am*: *demandam* 333, *ausam* 980, *mervillam* 334, 989, *parlam* 1406; *parlam* reimt mit *am* (*amo*). Die franz. Endung —*om[s]* (—*um*) begegnet nur zweimal: *amom* 602, *otreium* 691, beide reimen mit *hom*, das jedoch seinerseits auch mit *a* reimt (s. § 44).

Über die Endung der 3. Sing. u. Plur. Imperf. der 1. lat. Konj. s. § 161.

12) Betontes *a* in Position bleibt: *quant* 71, *arbre* 295, *las* 591, *fable* 267, *arme* (*animam*) 1855, 2340, *sage* 16, *rage* 1822, *gatge* (*vadi*) 2360, *menace* 1187, *plasa* (*platea*) 2064, *faci* 1762. — Suffix —*abilis* wird *able* (*abla*): *durabla* 732, 1268, 1556, *muabla* 2235, *istabla* 2236. — Waldensische Form (vergl. *Grüzmacher* Jahrb. IV, S. 393) findet sich in *raisonavolment* 2144. — Suffix —*aticum* giebt *age* (*atge*): *corage* 1367, 2453, *damage* 2359, *linatge* 1821 (vergl. § 112). — Suffix —*aculum* wird —*ail* (s. § 75). — Suffix —*aneum* zeigt die gewöhnliche Entwickelung: *compaigna* 1034, neben *estrangement* 134. Nachtoniges *e* drang vermutlich in die betonte Silbe ein in: *soveiren* 1684 reimend mit *ren*, wo *ai* durch den Einfluſs der Nasalis zu *e* wurde.

13) Während *habes* stets *as* wird 187, 221, 335, 438, und *habet* stets *a* 1, 7, 83, 311, 312, findet sich in der 2. und 3. Sing. Fut. ebenso oft —*es*, — *é*, wie —*as*, —*aa*: *ires* 153, 1554, *fares* 2463, 2477, *perdres* 2464, *daré* 501, 503, 1850, *vengeré* 1880, *querré* 1620, *plairé* 2103, 2413, *muré* 1754 neben *comandaras* 1439, *fiaras* 1222, *metras* 1109, *portara* 1227, *monstrara* 1228, *gira* 1116, *vendra* 1225 (vgl. § 11).

14) In der Formel *a* + *n* + gutt. fällt gewöhnlich die Gutt., oft wird sie zu *i* und verbindet sich mit *a*: *sant* 53, 1692, 2110, 2112, 2546, *santa* 60, 1498, 1514, 1572, 1771, *plandre* 1965. — *saint* 548, 1026, *sainta* 539, 695, *plaint* (*plangit*) 2052, *plaint* (*planctum*) 2327, 2330, 2519 zu *taint* (*tangit*).

15) Nachtoniges *a* bleibt meist, wenn auf dasselbe kein Konsonant mehr folgt, sonst wird es fast immer *e*. Daſs beide Zeichen in gleicher Weise für einen dumpfen, flüchtigen Laut dienen, zeigt die Schreibung *ae*, die sich zuweilen findet: *pucellae* 467, *terrae* 65, 205, sowie Reime wie: *terrae* zu *guerre* 65, 205, *oie* (*auditam*) zu *via* (*vitam*) 1197, *travaillerias* zu *profeitaries* 1179, und endlich das Eintreten des *a* für das sog. Stütz-*e*: *nobla* 1079, 1150, *muabla* 2235, *istabla* 2236, *guerra* 380, *chartra* (*carcerem*) 1250, 1262, 1714, 1755.

Beispiele sind: *chosa* 69, 340, 974, 1359, *esposa* 252, 450, 1181, 1536, *reīna* 1100, 1361, 1473, 1495, *abaisa* 98, *parla* 1064, 1077, *mervilla* 135, sogar *losenga* 660, *sapienca* 718. — Daneben *clame* 2052, *refude* 2046, *refuse* 362, *pucelle* 231, *paīne* 543, 1363, *dame* 661, 1006. — Andererseits: *esteles* 99, *parolles* 343, 616, 790, *losenges* 184, *choses* 338, 683, 1595, 1598, 2312, *oses* 337, 684, 2311. — Daneben *tenebras* 1319, *richeisas* 1586, *fennas* 2495, *cuidas* 2151.

16) Nach *i* ist *a* zuweilen gefallen: *glori* 605, 1558, 1859, 2576,

gloiri 1184, *victori* 498, 606, *justici* 18, 2202, *feuni* 1347. — Aufserdem fällt nachtoniges *a* in *cheil* (*caleat*) 1090, vielleicht durch Analogie. Ohne *a* erscheint noch *lais ister* (*laxia stare*) 1567, 1930, 2453 (Ms. *lis*); eine orthographische Eigentümlichkeit, indem das zu elidierende *e* (*a*) vor *ister* auch nicht geschrieben wird.

17) Vortoniges *a* folgt im allgemeinen den gewöhnlichen Regeln. Wir bemerken hier nur, dafs neben franz. *mervilles* etc. 431, 470, 687 sich einmal das regelmäfsige *meravilla* 342 und einmal *meravillerent* 2330 findet, durch das Metrum gesichert.

18) Für unbetontes *ai* ist *i* eingetreten in *uchisons* 1339.

19) Neben *icest, iquil*, etc. (s. § 144) finden wir einmal *aquella* 594, ebenso neben *iso* (s. § 145) *aiso* 833, 1628, *eiso* 925 und neben *itant* 191, 917, 2522, 2561 einmal *aitant* 1854.

Vulgärlat. ϱ (lat. $\breve{e}$).

20) Betontes ϱ in einfacher Konsonanz bleibt gewöhnlich: *fer* (*ferum*) 551, 939, 2082, *levet* (*levat*) 2605, *bre* 447, 723, 1225, *derere* 430, *areres* 369, *greus* (**grevem*) 622, *alegra* (**alecrem*) 405, 462; seltener wird es zu *ie*: *bien* 20, 118, 130, 144, *rien* 58, 90, 388, 840, *pie* 1014, *pies* 41. — ϱ reimt mit ϱ = lat. a oder ϱ = lat. $\breve{e}$ in Position: *fer* (*ferum*) zu *soner* 939, zu *alunger* 2472, zu *fer* (*ferrum*) 2215, *bré* zu *poesté* 1225, *rens* zu *porpens* 1395. — Dieselben Reimverhältnisse bietet *ie*: *pies* zu *lez* (*latus*) 41, *bien*: *ancīen* 20, zu *crestīen* 2383, *biens* zu *temps* 15. — Die Präposition *per* wird meist durch die Abkürzung p wiedergegeben, sonst findet sich *par* 929, 935, 955, und *per* 435, 972, 2288. — *Deus* behält immer *e* durch den Einflufs des Lateinischen (das nachtonige *u* kann bleiben oder fallen): *deus* 79, 87, 89, 92, zu *greus* 621, zu *ceus* (**caelos*) 751, *des* 516, zu *resucités* 763, zu *es* 226, *deu* zu *eu* (*ego*) 81, 728, 2317, zu *jueu* 2195, *de* zu *bre* 448, 724, zu *poesté* 743, 861, 978, zu *le* (*illam*) 397, 833, 1465, 1516, zu *gré* 442. — Zweimal steht *dei* 244 reimend mit *seqquei*, einer prov. Perfektendung und 485 mit dem Personalpronomen *lei*. In ersterem Falle wird *dei* als Latinismus zu betrachten sein, in letzterem kann leicht die Änderung zu *dé* und *lé* eintreten.

Das Suffix —*erium* (*eriam*) wird *er(e)*: *mister* 83, *empere* 2338 reimend mit *emperere*, 1079 zu *chere* (*caram*); einmal — *eire*: *mateire* 1150 zu *emperere*.

Ebenso wie in *mateire*, wo der Reim zeigt, dafs ei = ϱ, tritt noch *ei* auf in *eire* (*eram*) 246 reimend mit *lumneires*. In *dereires* 1341 und 2011 könnte *ir* dem *tr* entsprechen, allein jedenfalls weist der Reim zu *corseires* 2011 auf die Aussprache ẹ bin (vergl. § 9). In *tein (teneo)* 50 kann *i* auch dem nachtonigen *e (i)* seinen Ursprung verdanken. Man vergleiche in den Urkunden Formen wie *reins* (rem), *mein* (meum), *teint* (tenit), *biein* (bene) (G.) Wie in *chins, chis* (§ 10 Anmerk.) tritt *i* für ẹ ein in *covint (convenit)* 2015 und in *vinent* 2581, wofür, wie der Reim mit *demenent (deminant)* zeigt, *venent* zu lesen ist.

In *veil* 529, 1519, *meilz (melius)* 520, 664, 1927, 2388, *veina (veniat)* 2422, *veignant (veniant)* 467 drückt *i* die Mouillierung aus, daher verschwindet es auch bei Vokalisierung des *l*: *veuz* 1526, *meuz* 359, 868.

21) ẹ in Position bleibt: *temps* 16, 528, 1225, *terre* 43, 109, 1953, 1956, *fer (ferrum)* 2082, 2216, *repent* 262, *pestilenza* 2554, *sapiensa* 326.

22) Suffix —*entum* zeigt durch den Einfluſs des gedeckten Nasals neben —*ent* auch —*ant*: *torment* 1918, 2032, 2044, *argent* 261, *oinement* 1518, *garniment* 156. — Aufser dem auch sonst vorkommenden *talanz* 1223 finden wir *tormanz* 1224. — Reime mit *a + n +* Kons.: *talant* zu *tirant* 1256, *talanz* zu *granz* 2001, *marrimanz* (von ahd. *marran*) zu *tirunz* 2198.

23) Suffix —*ellum (ellam)* wird —ẹl *(elle [ella]);* vor Flexions-*s* wird *l* meist vokalisiert (s. § 71): *clavel* 2017, 2027, *toreuz* 1867, *veeuz (vitellos)* 1868, *chastels* 1601, *ancella* 403, *mamelles* 2217, 2261; — *chaveuz* 1471 reimt mit *euz (illos)*, das ebenso behandelt wird, *pucella* 379 assoniert mit *querra (quaerere)*. — *euz* reimt noch mit *ceuz* (*caelos) 657 und mit *duels* 1087 (vergl. § 49), ebenso reimt *els* mit *cels* 865, aufserdem finden wir *elles* zu *esteles* 100. *illos* wird einmal *os (els,* **ọls, ọus, ọs)* 837 reimend mit *vouz (volis)*.

24) ẹ + *i* wird gewöhnlich durch *ei*, seltener durch *i* ausgedrückt: *mei (medium)* 1044, 1124, 2064, *reneia* 2361, *prei (preco)* 1435, *esleit* 1582, *neient(z)* 478, 659, 666, 1639, *preises (pretias)* 1198. — *eslit* 321, *respit* 2489, *nient(z)* 381, 1222, 1959, *ni (nec)* 48, 60, 86, 145, 147 (nie *nei*), *engin (ingenium)* 576, 2376, *enginz* 860.

Reneia 2361 reimt mit *creia (credat), prei* 1435 mit *lei* (Personalpronomen). Gewöhnlich jedoch reimen die Formen mit *ei* mit der Endung der 3. Sing. Prät. der 2. Konj., die in unserem Texte durch —*et* ausgedrückt wird: *despeit* zu *irasquet* 510, zu *nasquet* 912, *esleit* zu *respondet* 1582, *respeit* zu *vendet* (Ms. *vende*) 36, zu *respondet* 1842. — Bei Annahme der franz. Endung des Präteritums —*it* und der Entwickelung des ẹ + *i* zu *i* würden sich reine Reime ergeben. Ähnlich verhält sich der Reim *despeit* zu *respondeit* 887, wo an Stelle des Imperfektums das Präteritum zu gebrauchen ist.

eslit 321 assoniert mit *vint*.

oi für ęi bietet *proiúnt* 2549 mit betonter Endung, veranlafst durch das Reimwort *trovént*.

pectus wird *pez* 2218, 2264.

25) Vortoniges ę wird wie im Prov. durch Dissimilation zu *i* in: *sirvem* 1479, *sirvent* 161, *sirvenz* 382, 1244.

26) Vortoniges ę wird zu *a* 1) durch den Einflufs eines folgenden *r* in: *marci* 798, 1098, 1202, 1316, *escharni* 119, *escharnissunt* 642, *garent* 771, *garenz* 794; 2) durch den Einflufs eines folgenden Nasals in: *plantain* 2560, *espavanté* 1502, —*éa* 2070.

Vereinzelt *damandent* 2282.

27) Zu *o* ist vortoniges ę geworden durch den Einflufs eines Labials in *sopultura* 2205, 2302.

28) Vortoniges ę $+$ *i* ist durch den Einflufs betonter Formen zu *i* geworden in: *gita* (*jectavit) 589, 2327, *gitei* 561, *prison* 1262, neben *preison* 1356, *profeiter* 883.

29) *ei* für ę findet sich in *coveinabla* 2419, *i* in *covinables* 2558.

Vulgärlat. ẹ (lat ē, ĭ).

30) Betontes ẹ in offener Silbe wird gewöhnlich *ei*: *crei* 262, 383, 1084, *deis (debes)* 742, 2423, *mei* 3, 235, 259, 273, *veire (veram)* 48, *aveit* 919, 1063, 1066, *faiseit* 754, *sei (sitem)* 1310, *seit (sit)* 67, 187, 251, 361, *peil (pilum)* 1050, *quei (quid)* 72, 274, 1097. — Diese Formen sind garantiert durch Reime mit Wörtern, wo *i* aus einem Guttural entstanden ist: *esteit* zu *adreit* 2343, *contrasteit* zu *estreit* 2053, *mei* zu *rei* 235, *tei* zu *rei* 1559, 1817, zu *lei (legem)* 145, *sei* zu *rei* 1378, 1574, 2273, *crei* zu *lei (legem)* 383.

Ziemlich oft bleibt jedoch *e*, namentlich, wie im Prov. vor *r* und *m*. So hat stets *e* der Infinitiv auf —ēre: *veer* 752, 2187, 2480, 2634, *saver* 232, 235, 313, 715, *arder* 1010, *voler* 1450, *aver* 356, 420, 498, 507. — Ebenso die Formen von *timeo*: *tem* 346, 1756, 2401, *tement* 1979, *temes* 1552. Auch bei *verum (veire)* 48, *ver* 267, 690, 817, *vers* 601, 601, 638. — Auch sonst steht *e*: *cres (credis)* 834, 843, 1084, *des* 129, 538, 805, *vet* 88, 280, *bevre* 1431. — *e* findet sich nie auslautend.

Formen mit *e* finden sich auch im Reim mit *ei*, selbst wo dieses aus ę $+$ *i* entstand: *tement* zu *veient* 1979, *crez* zu *dreiz* 2420, *cret* zu *seit* 68, 609, zu *dreit* 999.

e reimt einmal mit ę = lat. a: *saver* zu *eschaver* 1887, *ei* einmal mit *ei* = ę + Gutt.: *creia* zu *reneia* 2362.

Neben *sei* (*se*) findet sich häufig *si* (s. § 137).

Die 2. Sing. und die 3. Plur. des Konj. Präs. von *estre* werden gewöhnlich durch die prov. Formen *sias* 811, 1837, 1862, *siant* 174, 386, 1012, 1767 ausgedrückt, jedoch reimt *sias* mit *creas* 1837, *siant* mit *veiant* 1902, *siant* mit *creunt* 1700 und *sient* mit *creent* 2590. — Ebenso wird *pium* zu *piu* 125 und *vias* zu *vies* 721 reimend mit *sies*. Auch finden wir *ancis* 309 (*antius) neben *anceis* 283, 544, 1798; *oi* in *voire* 130 reimend mit *creire*.

31) Vor *n* bleibt ę: *plen-s* 11, 18, 613, *menent* 1918, *senz* (*sine*) 73, 81, 144; Suffix —*enum* der Ordinalzahlen: *treizen* 1048, *sesten* (Ms. *senten*) 2650, *menz* (*minus*) 144 reimt mit *jutgemenz*; den Reim *demenent* 2582 zu *vinent* haben wir schon erwähnt (§ 20).

32) Durch ein nachtoniges *i* wird ę in den bekannten Fällen zu *i* umgelautet: *fist* (*fecit*) 79, 203, 211, 471, *vint* 15, 322, 399, *cil* 13, 266, 303, 656, u. s. w. Ebenso *sire* (*sĕnior* mit Fall des *n* und Dehnung des *e*) 204, 312, 407, 413. — Sodann wird ę zu *i* durch den Einflufs umgebender Konsonanten 1) nach *r*: *marci* 798, 1022, 1098, 2) vor *s* nach dem Fall eines Nasals: *pais* 921, *pris* (*prensum*) 829, 897, 913, 1011, *pris* (*prensi*) 665 (zugleich nachtoniges *i*), *prist* 766, 905, 910, 1054.

Vor *l* bleibt *i* zuweilen ę. § 77.

33) e in Position wird nicht verändert: *met* (*mittit*) 1570, 1963, *letres* 163, *ella* (*illam*) 185, 389, 482, 543, *verges* (*virgas*) 449, *nez* (*nitidus*) 1522, *neta* 824. — Ebenso vor Nas. + Kons. *vencre* 367, 440, 1352. Suffix —*emia*: *losenge-*(*s*) 184, 317, 639. Für *loenze* 318 mufs wegen des Reimes mit *losenge* gelesen werden *loenge*. *fent* (*findit*) 2175 reimt mit *ferament*.

ipsa wird *essa* (Adv.) 2641, **metipsimam meesma* 447, 1098; gewöhnlich jedoch wird hier *p* zu *i* und wir erhalten *meeisme — *meisme*(*s*) 807, 1205, 1595, *meisma* 1597, 1940. Ebenso *ne-ipsum* zu *neis* 2635 und mit Vokalisation des *p* zu *u*: *neuz* 2340, *euz* 1276.

Das Particip Prät. von *metre* ist gewöhnlich *mis* reimend mit *pris* 830, 914, 1012, 1834, mit *vis* (*vivus*) 987, 2306, mit *paradis* 458, daneben steht *mes* 2451 und *trames* 380.

intus bewahrt meist sein *i*: *inz* 1468, *dinz* 1419, *dedinz* 1855, 2013, 2080, im Reime jedoch stets *dedenz* 2026 zu *abrivamenz*, 2016 zu *senz* (*sensum*).

intra wird *antre* 410 durch den Einflufs des Nasals.

34) ẹ + i-Element wird fast immer regelrecht zu ei 1) ẹ + ausl. g: *lei* 146, 384, 838, *rei* 236, 508, 1171, 1333, 2) ẹ + ct: *dreiz* 500, 534, 846, 920, adreit 2344, estreit 2054. — 3) ẹ + n + Gutt.: *peint* (*pinctum*) 289, *teint* 290, *costreint* 777, *veint* (*vincit*) 778, *feint* (*fingit*) 1063. In dem mit *prenna* = *pregna* (*prendiat) assonierenden *costreigna* 2152 dient *i* zugleich zur Bezeichnung der Mouillierung. — Ohne Guttural-Auflösung erscheinen: *dretz* 282, das vielleicht in *dreiz* zu ändern ist, und *costrent* 1752, *venz* (*vincis*) 2409, *vent* (*vincit*) 1751, wo jedenfalls kein Unterschied in der Aussprache stattfindet.

ẹ + gn wird eñ, das durch *eign* ausgedrückt wird: *deigna* 1024.

35) Suffix —*itia* wird 1) *esza, eza, ece* (über die verschiedene Schreibung der Sibilans s. §§ 101, 108): *richesza* 1365, *noblesza* 1366, *tristeza* 1618, *fortareces* 1602. *tristeza* reimt mit *richeisa*; da *tristeisa* sich nie findet, so wird *richeisa* in das auch sonst vorkommende *richeza* zu ändern sein. 2) *eisa*: *richeisa* 1575, *richeises* 728, *richeizas* 1586, *nobleisa* 1183, 1576, *grandeisa* 1612. 3) *ice, ize, ici: justice* reimend mit *vizi* 580, *sacrifice* 209, *sacrifize* 1074, *sacrifici* 17, 1871, 2201, *justici* 2202.

Wir erwähnen hier die Form *richeés* 1926 reimend mit *beutés*, abgeleitet von *richi* + *tatem* (*richeté* Tobler: dis don v. an. 10). Wegen des Metrums ist das tonlose erste *e* zu unterdrücken.

36) Wir behandeln hier noch ĕ + ns, da meist n fällt und Dehnung in ē eintritt, wobei dann *e* zu *ei* werden kann: *mes* 2268, *meis* 2269, *cortes* 618, *corteis* 1381 reimend mit *reis, pes* (*pensum* = Gewicht) 1146. *pest* (*penset*) assonierend mit *destreiz*. — Das halbgelehrte *pro* + *pensum* behält stets *n*: *porpens* 259 zu *paiens*, 527 zu *temps*, 1396 zu *rens*, 1478, 2206; einmal lesen wir *porpeis* 2155, aber im Reim zu *crestiens*.

37) Nachtoniges *e* folgt den allgemeinen Regeln, *vírgina* 911 ist gelehrt.

38) Vortoniges ẹ ist in einigen Wörtern durch gelehrten Einfluß geblieben, wo es nach der Hauptregel fallen sollte: *verité* 353, 2638 (neben *verté* 12, 128, 250), *vanitez* 23 (neben *vanterent* 328), *predicar* 410, *resucitás* 655, *autoritez* 24, *divinité* 765.

39) Zu *o* ist nachtoniges *e* geworden unter dem Einfluß eines vorhergehenden Labials in *raisonavolment* 2144.

40) Vortoniges ẹ ist zu *a* geworden durch Dissimilation in *saiellées* 163; durch den Einfluß eines folgenden Nasals in *amperere* 938 (sonst

Laut- und Formenlehre des poitevinischen Katharinenlebens.

stets *emperere* durch den Einfluſs eines vorhergehenden *r* in *trasor* 1142 (neben *tresor* 1422); durch Angleichung an die folgende Silbe in *avangeli* 249.

Vulgärlat. ī (lat. ī).

41) Betontes ī ist stets erhalten: *fin* 43, 452, 914, *ire* 375, 613, 697, 935, *matin* 2279, *guisa* 40, *signe* 471, *dignes* 2525, *mil* 850. — Gelehrt ist *esperites* 1949, ebenso wie *esperitauz* 761, 894, *esperitalz* 974.

Vulgärlat. ǫ (lat. ŏ).

42) Betontes ǫ in offener Silbe bleibt gewöhnlich: *cor* 697, 1477, 2243, 2505, *bos* 1868, *escoles* 344 zu *parolles*, *pos* (*potes*) 132, 144, 506, *pot* zu *ot* (*habuit*) 881, 1922, zu *allot* (Imperf. von *aller*) 1739, *vol* (*volit*) 357, 514, 1494, 1775, *ovum* ist *uó* geworden 1897 reimend mit *so* (*ecce hoc*).

Selten tritt *ue* ein: *cuer* 485, *puet* 112, 366, 540, *estuet* (*est opus*) 1427, 1839; einmal *oe*: *proe* (*prope*) 2492 reimend mit *lue* (*locum*).

In *volis*, *volit* bildet das aus *l* entstandene *u* gewönlich mit ǫ den Diphtongen ǫu: *vouz* 715, 771, 837, 1861, *vout* 66, 100, 107, 111; *vouz* 1861 und *vout* 107 reimen mit *souz*, *sout* = nfrz. *sot*; *vouz* 837 mit *os* (*illos*) s. § 49.

43) ǫ vor Nasalen wird ọ: *bon* 59, 115, 156, 917, *hom* 1, 65, 160, 238, *tron* 1690, *comte* (*computum*) 950, *amont* (*ad-montem*) 472, *front* 471, *contra* 504, 621, 720, *non* 28, 31, 34, 36; *bon* reimt mit *perdon* (*pardon*) 125, 2456, mit *raison* 6, 677, 917, 971, mit *passion* 1977, *bona* mit *corona* 2509. — *u* für *o* findet sich in *buns* (*bonus*) 1457, *encuntra* 493, *nun* 786, 2243.

44) *dominam* hat gewöhnlich die franz. Form *dame* (*dama*) 396, 429, 469, 479, 517, seltener die prov. Form *donne* 70, 1117, 1346, 2485. *dame* reimt mit *clame* 2051, mit *ame* 1191, 2609; meist reimt es mit *home* 386, 539, 661, 969, 1245, 1433; ebenso reimt *donne* mit *home* 1117, *donnes* mit *homes* 2496. Da *hom* andererseits mit *fam* (*famem*) 1795 und *homes* mit *flammes* 1043 reimt, so ist hier nicht die prov. Form vorzuziehen, sondern anzunehmen,· daſs auch *homo* wie *domina* behandelt ist. ǫ + Nasal reimt noch mit *a* + Nasal in *comte* (*computum*) zu *cincante* 950, für *comte* lesen wir *cointe* 315 ebenfalls mit *cincante* reimend. Der Übergang von ŏ zu *a* in *computum* findet sich auch *Ben. de S. M.* (vergl. *Settegast* S. 19).

dominum + *deüm* wird *damidé* 743, *damidés* 1728, *damideu* 728.

45) *locum* und *focum* (*locvum*, *focvum*) ergeben meist *lue* 2247, 2491, 2611, 2627, *lues* 429, 528, *fues* 1040, 1472; scheinbar ohne Einflufs des *v*-Lautes, da *lue* 2491 zu *proe* (*prope*) reimt. Daneben kommen *lo* reimend mit *so* (*ecce-hoc*) 297 und *fo* ebenfalls reimend mit *so* 1468, wo vermutlich ǫ durch folgendes *v* zu ǫ wurde. Diesem entspricht noch *foc* 1012, 1015.

46) ǫ in Position bleibt: *cors* (*corpus*) 228, 651, 1060, 1611, *fort* 105, 806, 1215, 1850, *fol* 91, 349, 1480, *fous* 68, 1585, reimend mit *lous* (*lausum*) 955.

47) ǫ + *i* hat *oi* ergeben: *oile* 2632, *ploia* 110, 113, *oi* (*hodie*) 981, 1603, 2253, *voil* (*volio*) 851, 961, 1108, 1110, *pois* (*post*) 1, 107, 116, 362, 451, *oit* (*octo*) 308, *noit* 1397, 1495, 1880, *loin* (*longe*) 1338, 2620, 2623. — Die Gutt. ist gefallen in *notz* 650, das wohl in *noiz* zu ändern ist; *notz* reimt mit *doiz*, das vermutlich aus *doctos* stammt.

enoi 1454 reimt mit *lei* (Personalpron.), so dafs entweder *enuéi* zu *lei* oder *enoi* zu *li* zu lesen ist (vergl. Förster, rom. Stud. III, 180 f. Stock ib. 459).

48) Suffix —*oriam* wird gewöhnlich *oire gloire* 419, 508, 855, 1171, 2109, *victoire* 420, 507, 856, *memoire* 1172, 2543; daneben *glori* 605, 1558, 1859, 2576, *victori* 498, 606 und *gloiri* 1184 und *victore* 2110 reimend mit *gloire*.

49) *dolium* wird *dol* 1817, 1921, 1939, 1959, *dols* 2126, 2198, 2378, 2507; einmal *u* für *o dul* 1368. — Im Reim ist Diphthongierung des *o* zu *ue* eingetreten *duels* (*duelz*) 1088 zu *euz* (*illos*), 1914 zu *cels* (*caelos*). Diese beiden Reime erklären sich vielleicht durch die Annahme, dafs der Laut des *eu* (= ẹl oder ęl) ebenso wie der des *ueu* (= ǫl), indem für *l* — *u* zu setzen ist, sich dem *ǒu*, *ǒ* genähert haben (s. Koschwitz, Reise Karls des Grofsen S. 29). Es ist jedoch auch möglich, dafs hier *dols*, *dos* zu *os* (s. u) und *ços* reimt. Aufserdem reimt *duels* mit *ueuz* (*oculos*) 2499, in *ueuz* wurde ŏ diphthongiert und ļ vokalisiert, während wir gewöhnlich *oilz* finden 265, 1609. — Umgekehrt wie die obigen Reime von *duels* würde sich bei der ersten Annahme erklären der § 42 erwähnte Reim *vous* (*volis*) zu *os* (*illos*) 837 (*els*, *ǫls*, *ǫus*, *ǫs*). Wir erwähnen hier noch *ergoil* 375, 719, 923.

50) Vortoniges ǫ ist zu *u* geworden in *murir* 891, 1234, 1847, 1851, *durmir* 1432, *descuverta* 996; zu *e* in *escurs* 480.

Vulgärlat. ǫ (lat. ō, ŭ).

51) Betontes ǫ in einfacher Konsonanz bleibt: *nos* 9, 15, 21, 26, 47, *sola* 493, 633, 941, 949, *ora* 2626, 2652, *flor* 1506; *o (ubi)* 246, 882, 987, *recovre (recuperat)* 1955. — Suffix —*osum*: *doptos* 811, 1020, *lebros* 740, *tenebros* 1622, *vertuosa* 1288. — Suffix —*orem*: *honors* 147, 301, 1132, *color* 290, *dolor* 1732, *emperaor* 324, 377, *meillors* 560, 812, 1456, *seignor* 378, 406, 453, 960, 1047; *duos* wird *dos* 41, 41, zu *doptos* 812, *ambedos* 1512, zu *jojos* 1652, *does (duas)* 2016.

Neben dem von *prodis (aus der Präp. prō) abgeleiteten Substantiv *pro* 368, zu *so (ecce hoc)* 1450, 1488, dem Adverb *pro* 869 und dem Adjektiv *proz* zu *toz* 25, 570, wird mit dem Suffix —*osum* gebildet: *prooz* 457, 1984 und — der einzige Fall, wo *ou* für ǫ steht: *proouz* 1748.

52) *a* + ǫ wird ǫ: *ore (ora) (hac hora)* 841, 1599, 1990, 2472, *or* 73, 207, 444, 528, *encore (encora)* 683, 707, 1094, 1119, *encor* 2464, *lor-s (illa hac hora)* 161. Einmal die prov. Form *ara* (aus *aura) 127.

53) ǫ vor Nasal bleibt: *nom* 29, 218, 455, 597, *corona* 1425, 1607, 2233, *dona (donat)* 1426, 1608, 2234. Suffix —*onem*: *raison* 5, 12, 73, 678, *oraison* 2597, *prison* 1262, *baron* 1411, *leons* 2328.

54) Betontes ǫ in Position bleibt gewöhnlich: *cort (cortem)* 177, *tot* (*tottum) 372, 824, 1872, 1900, *espos* 1568, 1805, *bocha* 263, *sorz (surdus)* 745, *jorn* 46, 308, 764, 939, *soz (subtus)* 1395, 1574, *donc* 281, 517, 1905, *donques* 391, 2178. Zuweilen, besonders vor gedecktem Nasal ist *u* eingetreten: *munde* 22, 573, 600, *unt (unde)* 80, 429, 652, 1660, *dunt* 24, 54, 113, 392, *abunde* 574, *dunc* 957, 1509, *sufres* 1732, 1734, *tuz* 2392.

55) Ein durch Vokalisation eines Konsonanten entstandenes *u*, das sich mit ǫ vereinigt, macht den Laut noch geschlossener; für ǫu wird zuweilen einfaches ǫ geschrieben, auch bleiben öfters die ursprünglichen Konsonanten (*l* oder Labialis) in der Schrift erhalten. Wörter dieser Art reimen untereinander und mit einfachem ǫ. *multum* wird *mout* 1071, 2481 zu *dot (dubito)*; gewöhnlich steht die Abkürzung *m'lt* 27, 118, 120, 137 zu *escout*, 1587 zu *dot*, 2628 zu *dot*; *mult* 16, 18, 430 ist ein Latinismus. *ausculto* wird *escout* 138 zu *m'lt*. — *escoutes* 803 zu *dotes*, *escouta* 1997. — *vultum* giebt *vout* 1418, *vouz* 1521 zu *douz (dulcem)*, *vos* 1053 zu *toz*. *dulcem* wird *douz* 1522 zu *vouz*, 2456; *douza* 2583, *solus* wird *sols* 93 zu *vos (vos)*, 1806 zu *espos*. — *dubito*

20 Laut- und Formenlehre des poitevinischen Katharinenlebens.

giebt *dot* 1588 zu *m'lt*, 2630 zu *m'lt*, *dopta* 2140 zu *tota*, *dotes* 804 zu *escoutes*, *doptes* 774 zu *totes*.

56) Nachtoniges *i* hat ǫ zu *ü* umgelautet reimend mit *üi* = ū + *i*: *tuit* 62, 779 zu *destruit*, 119, 169, 1005 zu *conduit*; *trestuit* 2559 zu *fruit*, *dui* (*dui = *duo*) 836, 1543, 1661 zu *lui*, 2608; *fuit* (*fugit*) 1029, 1130, 2162, *cuit* (*cogito*) 127, 1479, *cuident* 476, *refuides* 802, 1086. — Vor *n* tritt *oi* ein: *soin* 794, *besoin* 793, *besoinz* 340, *besoigna* 1294, *besoina* 1993, *vergoigna* 1293, 1994, *vergoina* 1370. Einmal steht *beson* 1337 reimend mit *loin* (*longe*). — Ebenso ist in dem aus *stüdium* entstandenen, halbgelehrten *estude* 2045 reimend mit *refude* (*refutat*) ü durch den Einfluſs des *i* zu *ü* geworden.

57) Ein aus einem Konsonanten entwickeltes *i* vereinigt sich mit ǫ zu ǫi: *vois* (*vocem*) 1197, 2383, 2571, *crois* (*crucem*) 38, 471, 830, 878, *reconois* 219, 800; ebenso vor Nasal + Gutt. *jointes* 2020, *pointes* 2019, *point* 384, 678, 977, 1306, *poinent* 2640, *oinent* (*ungunt*) 2639.

58) Nachtoniges lat. *u* ist erhalten in *piu* 125, *jueu* 2196, *jueuz* 1209, *eu* 82, 236, 355, 414, 416, *deu* 28, 53, 64, 77, 81, (oft *dé*) *feuz* (ahd. *ēhu*) 272; ebenso lat. ō in *vou* (*vado*) 1968, 2518, *voi* 1258, 2518. Vergl. *clavum* = *clou* 2079, *clouz* 2082, *clos* 41, 2033. — Ferner im Pron. poss. (s. § 140).

59) Vortoniges ǫ wird gewöhnlich durch *o* ausgedrückt: *corteis* 1381, *torner* (Ms. *tornier*) 362, *saollez* 2442, *dopter* 2584, *sovrer* (*superare*) 676, *soplanté* 2346; selten tritt *u* ein, fast immer bei den Formen von *sufferre* durch den Einfluſs des folgenden *i*: *sufrir* 622, 1655, *sufrirei* 608, 1213, 1216, *sufrirai* 2476; — nur zweimal *o*: *sofriras* 448, *sofria* 619. — Durch den Einfluſs des folgenden *n* in: *mundé* 740, und veranlaſst durch folgende Labialis in: *ublier* 564.

60) ǫ + einem aus einem Konsonanten stammenden *u* wird *ou*: *esçouter* 661, 1194, *coutiver* 285, *douzors* 1184.

61) Durch den Einfluſs der betonten Formen wird auch vortoniges ō durch ein folgendes *i* zu *ü*: *cuida* (*cogitavit*) 1069, 1074, 1761, *cuiderent* 2083. Mit einem aus einem Konsonanten entstandenen *i* wird es zu *oi*: *oinement* 1518, *doisenz* 1707, *conoisem* 1678.

Vulgärlat. ū (lat. ū).

62) *U* bleibt wie auch sonst mit der Aussprache *ü*: *vertu* 116, 731, 908, *segur* 174, 368, 1037, *nul* 1128, 1246, 1635. Mit *i* wird es zu *üi*, s. § 53.

Lat. ae, oe.

63) Diese Diphthonge werden bekanntlich wie ę behandelt, jedoch finden wir hier fast nie *ie*: *les* (*laetus*) 2129 zu *irés*, *léa* 470 zu *apelléa*, 1219 zu *sacrifiéa*, *cel* 87, 99, 257, *cels* 866 zu *els* (*illos*), 1205 zu *mals* (s. § 2. Anm.), *ceus* zu *deus* 752, *quaero* wird *quer* 505 zu *veer*, 1842, 2360, 2368, *requers* 1485 zu *chavallers*, einmal *quier* 502 zu *loier*, und zweimal *ei* für ę *queire* (*quaeram*) 1446 zu *emperere*, *queirent* 1108 (vergl. §§ 9, 20). — *poenum* wird *pena* 611, *penes* 1229, 1863, *peina* 1282, 1285, 2649 zu *setmaina*; sodann finden wir *pana* 906, vergl. § 6.

64) Ebenso in Position: *prest* (*praesto*) 710 zu *est*, 1325, 2564 zu *est*, *segles* 2663, *querre* 66 zu *terre*, 206.

65) Wie *ẹ* ist *ae* durch den Einfluß eines nachtonigen *i* in *i* umgelautet in *quis* (*quaesi) 438, 2585, *requis* 2595.

66) Unbetontes *ae* ist durch Dissimilation zu *a* geworden in *aé* (*aetatem*) 343.

Lat. au.

67) Betontes *au* wird gewöhnlich zu o_2, daneben kommt *ou* vor, und nur einmal bleibt es: *chosa* 69, 340, 974, 1359, *trasor* 1142, *loe* (*laudat*) 641, *ot* (*audit*) 88 zu *comandot*, *parolla* (*paraula) 48, 635 zu *folla; ausare* bietet neben *oses* 336, 684, 2311, *osa* 953, 1564 auch *ausa* 1333, *lausum hat stets *ou*: *lou* 2100, *lous* 168, 956 zu *fouz*, das got. *haunitha* hat die franz. Formen *onte* 1214, *humte* 2358, daneben die prov. *ante* 1894, *amte* 2092.

68) *au* + *i* wird *oi*: *joi* 126, 463, 1063, 1257 zu *voi* (*vado*) 2332, *noisa* (*nauseam*) 1633, *oi* (*audio*) 673, 675. — *paucum* wird gewöhnlich *poi* 464, 943, 1064, 2316 immer reimend mit *joi*. — Daneben kommt *pou* vor 1666, 2004, 2530, 2532; diese Form ist nicht durch den Reim gesichert, im Gegenteil reimt *pou* 1997 mit *joi*, so daß hier sicher *poi* zu lesen ist.

69) Vortoniges *au* wird *o*: *oreilles* 264, *toreuz* 1867, *osés* 940, *osterent* 652, *onir* (got. *haunjan*) 2454; *auctoricare* hat auch *au* und *ou*: *autreiera* 8, *outreié* 1494, 1530 neben *otreium* 691. — Gelehrt ist *autoritez* 24. — Bekannt ist die Schreibung mit *e* in *escouter* 661, 1194, und mit *a* in *auguratum*: *benduré* 303, *bendurea* 396, 1137, 2221, *malduré* 937, *maldurez* 2164.

B. Konsonantismus.

L

70) Verdoppelung eines einfachen *l* ist eingetreten, wie im Prov. und in Oberitalien in *parolla* 48, 635 zu *folla*, 1204, 1673, 1749 zu *folla*. Nur einmal *paroles* 139 ebenfalls im Reim zu *folles*; aus diesen Reimen läfst sich jedoch nichts schliefsen, da dieselben unrein sind, wie die Reime *escola* zu *folla* 248 und *esteles* zu *elles* 99 zeigen und da *parolles* 343 auch mit *escoles* reimt.

71) Gedecktes *l* ist zu *u* vokalisiert, wenngleich es orthographisch noch oft erscheint. Dafs ein lautlicher Unterschied nicht vorhanden ist, erhellt aus den Reimen beider Formen untereinander: *orientauz* zu *mals* 329, *esperitalz* zu *charnauz* 974, *alques* zu *autres* 958, 1594, 2014. Aufserdem zeigt der Reim *ceus* (*caelos*) zu *deus* 752, dafs wir es wirklich mit *u* zu thun haben; *l* steht namentlich nach *a*: *mals* 330, 622, 1622, 1783, *tals* 37, 604, 597, *quals* 221, 389, 690, *als* (Dat. Plur. des Art.) 41, 166, 166, 517; daneben mit *u*: *mauz* 1007, *itaus* 1948, *auz* (Dat. Plur. des Art.) 883, 957. Stets wird *l* geschrieben nach ū in *nuls* 1834, 1922, 1962, 2068 (Beispiele für ī fehlen). Nach den übrigen Vokalen halten sich beide etwa das Gleichgewicht: *els* (*illos*) 865, 1060, *chastels* 1601, *sols* (nie *sous*) 94, 1435, 1806, 2272, *coltivez* 776, *volz* (*volis*) 232, 235, 721, 845; — *euz* (*illos*) 57, 270, 302, 322, *chaveuz* 1471, *vout* (*volit*) 66, 100, 107, 111, *coutivez* 92, 1687, *douzors* 1184.

72) Gedecktes *l* fällt nach *a* in *atretal* 1212, *as* (Dat. Plur. des Art.) 1487, 2201, 2432; — nach *e* in *des* (Gen. Plur. des Art.) 332, 456, 1052, 2011, *nes* (*ne-illos*) 256; nach ǫ in *coteuz* (*coltellum*) 2078, *vos* (*vultus*) 1053, *mot* (*multum*) 175, nach ū (?) in *pucella* (*pullicellam*) 136, 217.

73) Auslautendes *l* ist zu *u* geworden in *au* (sonst *al*, Dat. Sing. des Art.) 42 und in *beu* (für *bel*) 2767, wenn dafür nicht *ben* zu lesen ist.

74) *l* + *r* schiebt *d* ein, wobei *l* zu *u* wird, das jedoch selten geschrieben wird: *voldras* 158, 1101, 1106, 1111, *vaudria* 1144.

In *fulgur* fällt *g* und das zwischen *l* und *r* eingeschobene *d* wird nach prov. Art nach Transposition von *r* zu *z*: *folre, *foldre, *folder, *folzer, *fouzer-s* 2096.

75) Mouilliertes *l* (*ḷ*) entsteht wie sonst aus *l* + *i* + Vokal oder aus Gutt. + *l*; es wird inlautend gewöhnlich durch *ill*, auslautend

durch *il* ausgedrückt, daneben findet sich inlautend *ll*, auslautend *l* und *ill*: *bataille* 491, *coseilles* 1398, *meillors* 560, 812, *merveiles* 1397, *oreille* 1610, — *moller* (*mulierem*) 1115, — *coseil* 377, 1199, 1485, 1831, *travail* 536, 2590, *soleil* 53, 1614, *veil* (*veclum = *vetulum*) 529, 1519, — *cosel* 1711, — *conseill* 1096, *merveill* 1095; — stets *l* in *dolium* s. § 49 und natürlich nach i *peril* 306, 1968, 2547, 2591. Zur Erklärung des ł in: *fail* 535, *fal* 2000, *faillez* 118, *failla* 2449 ist wohl von einer Form *faillio auszugehen.

76) Folgt auf ł ein *s*, so wird ł zu *u* vokalisiert, wenn auch die ältere Schreibung mit *l* sich noch daneben findet: *conseus* 2355, *meuz* (*melius*) 359, 868, *ueuz* (*oculos*) 2500, *veuz* (*veclos) 1526. Daneben *oilz* 265, 1609, *travails* 381. Gefallen ist ł vor *s* in *soleis* 85.

77) *Mirabilia* hat häufig statt *e—il* blofs *il*: *mervilles* 431, 470, 687, 697, *mervillam* 334, 989, *mervilla* (*mirabiculat*) 135, vielleicht durch Einflufs des Prov., wo das nachtonige *i* tonerhöhend auf das betonte *e* wirkt (s. Förster, Z. f. n. Phil. III, 497).

78) Zu *r* ist *l* in der Verbindung *cl* anlautend geworden in *crerzia* 181 neben *clerzia* 477. — *cl* inlautend wird zu *gl* in *segles* (*saeculos) 2663; gelehrt ist *miracle-s* 844, 1057, 1470.

R

79) Durch Dissimilation fällt *r* im Infinitiv und Fut. von *prendere*: *pendre* 2406, *apendre* 1153, *pendra* 2001, *pendrant* 2192.

80) Umstellung des *r* findet statt in *porpens* 259, 527, 1396. Die einfache Präp. lat. *pro* kommt nicht vor. Ihre Stelle vertritt *par* (*per*) 448, 955, *pær* 972. Die Hs. hat gewöhnlich die Abkürzung p̄r 913, 916. Ebenso steht p̄mez 272 = *promittis*.

81) Eingeschoben ist *r* durch den Einflufs eines folgenden *r* in *trasor* 1142, *tresor* 1422; zur Hiatustilgung in *gramaire-s* (*graimaire*) 556, 1458 (vergl. Tobler, Rom. II, 132. Bugge, Rom. IV, 362) (anderer Ansicht sind G. Paris u. a.).

82) Zu *l* ist *r* geworden in *encontralé* (*incontrariatum*) 196.

83) Vor *s* ist *r* gefallen in den bekannten Wörtern *sus* (*sursum*) 211, 1423, *jus* (*deursum) 2006, *estros* (*extrorsum*) 706, 902. Ebenso in der prov. Präp. *ves* (*versum*) 1907. Sonst bleibt *r*: *vers* 927, 968, 1417, 1464, *fors* 56, 394, 1115, 2429, *larsura* 1052. Für *fors* steht *for* 414 und ebenso *forfait* 1129, *forlignés* 586.

M

84) *mn* wird durch Ausfall des *n* zu: *damam (dame)* 396, 469, 479, *home* 59, 275, 346, *damage* 2359. — Daneben steht *nn* in *donna (donne)* 70, 1117, 1346, *fenna (fenne)* 493, 540, 1996. *mn* bleibt in *lumneire* 245, 1268, *condemna* 2312. — *damnare* zeigt Einschiebung eines *p* zwischen *m* und *n*: *dampnent* 55, *dampné* 122, 1700. — Auslautend steht *m* oder *n*: *nom* 29, 218, 455, *non* 729, *dans* (*damnum*) 2408.

85) Die Gruppen *mr* und *ml* zeigen Einschiebung eines *b*, wobei zugleich öfters *n* für *m* eintritt: *remembrest* 397, *sembler* 948, *resembler* 2524; — *menbre* 413, 1190, 2648, *trenblam* 990. — Ebenso ist *b* eingeschoben in *marmor*, *marmbre, *marbre* 296. — Statt eines *b* ist *d* eingeschoben in *reemdre* 1298, so dafs also wohl *reendre* zu lesen ist.

86) Ebenso wie vor eingeschobenem *b* wird auch vor ursprünglichem *b* und *p* oft *n* für *m* geschrieben: *desmenbrer* 1900, *menbres* 2210, *enpere* 1079, 2338, *enperere* 1191, 1706, 1741, *enpaita (impactat)* 2336, neben *emperere* 133, 333, 389 etc.

N

87) *n* wird zu *r* durch Assimilation in *ordre (ordinem)* 282, durch Dissimilation in *arma (animam)* 1855, 2340, *armes* 1054, 1570, 2436, *amerme (adminimat)* 2238. — *m* tritt für *n* ein in *cumforter (confortare)* 1550, *humte* 2358, *amte* 2092, hierher auch *emblerent* (von *involare*, *imbolare) Diez W. IIc *embler*) 651 und auslautend, wohl nur orthographisch, in *vim (vinum)* 1312.

88) Eingeschoben ist *n* in den bekannten Beispielen; vor einem Gutt. in *ensament* 63, 76, 104, *anc* 394, 1672, *encora* 707, 1119, 2634, vor *d* in *rendre* 1297.

89) *nr* schiebt *d* ein: *mendre (minor)* 1592, *vendra* 1225, *remandret* 1449, *plandre* 1965, die einzige Ausnahme ist *donra* 2468.

90) Vor *s* ist *n* gefallen, jedoch wird es vor Flexions-*s* meist, seltener vor stammhaftem *s* noch geschrieben: *mister (ministerium)* 83, *demostrer* 170, *mostré* 127, *remast* 461, *costrent* 1752, *coseil* 377, 1199, 1485, *pes (pensum)* 1146. — *conseil* 1383, 1384. 1683, *monstrará* 1228. — Vor Flexions-*s* fällt *n* nur in *chis (canes)* 2204, *dos (donum)* 415, *bos (bonum)* 416, *crestiis* 2128 reimend mit *pains*, — jedoch verlangen auch die Reime *uchisons* zu *somos* (*submonsum) 1339 und *sonz* (Ms. *senz* Pron. poss.) zu *somos* 1891 Fall des *n*. — Ebenso vor sibilantischem *c* in

comecet 376. *pensare* denken und das davon abgeleitete Substantiv **propensum* behalten gewöhnlich *n*: *penser* 1899, *porpensot* 1373, *porpens* 259 zu *paiens*, 527 zu *temps*, 1396, 1478. Daneben jedoch *porpesser* 1611, *porpessa* 1863. — *porpeis* 2155 mufs in *porpens* geändert werden wegen des Reimes mit *crestiens;* in *pest* (*penset*) 798 ist *n* in einer sonst unsprechbaren Gruppe gefallen. Gelehrt ist *mansion* 2578 neben *maison* 1409.

91) Auslautendes *n* ist wie im Prov. gefallen in *e* (*en*) 610 *e ma* (= *en ma*) 1531. Sonst stets *en* 16, 38, 40.

92) Palatales *n* (ñ) entsteht, wie sonst, aus *ng, gn, n + i +* Vok.; es wird durch *ign* und *in*, nach *i* durch *gn* oder *n* ausgedrückt: *compaigna* 1034, *veignant* (*veniant*) 467, *seignor* 378, 406, 453, 960, *deigna* 1024; *seinor* 696, 1005, 1166, *vergoina* 1370, 1994, *oinement* 1518, — *lignage* 2454, *digna* 1079, — *linatge* 1821. — Zu nǧ ist *n + i +* Vokal geworden in *donges* (**donias*) 291, *revunges* (**reponias*) 292, *estrangement* 134. — Ebenso meist *ng,* aufser vor einem Konsonanten, wo *g* zu *i* wird, das sich mit dem vorhergehenden Vokal verbindet: *angel* 1325, 1516, 1801, *engin* 576, *alunger* 2471, *lonjament* 1898. — *plaint* (*plangit*) 2052, *destreinz* (*destringis*) 2410, *feint* (*fingit*) 1063. — *g* (*i*) ist gefallen in *plandre* 1965 und *costrent* (*constringit*) 1752.

93) Nach *r* fällt *n,* obwohl es meist noch geschrieben wird: *jorn* 46, 308, 764, 939, *retorn* 307, *entorn* 1499, *charn* 1870; — im Reim stets ohne *n*: *jor* 1553 zu *seinor*, 2364 zu *amor*, 1657 zu *emperaor*, 2386 zu *seinor.* Ebenso vor *s* (*z*): *jorz* 623, 1311, 1358, 1719, 1876, *chars* 896. Einmal *jornz* 2279.

94) Den Einflufs der Nasalen auf einen vorhergehenden Vokal hatten wir bei der Behandlung derselben zu beobachten Gelegenheit. Die Nasalierung des Vokals ist vollständig durchgedrungen, das beweisen die früher angeführten Formen und Reime wie *plantain* 2560, *antre* (*intra*) 420, *menga* 686, *espavantés* 1502, *—éa* 2070, *talanz* zu *granz* 2001, zu *tiranz* 1283 u. s. w. Durch Nasalieruug erklärt sich auch der § 84 ff. erwähnte Wechsel zwischen *m* und *n*, sowie das Antreten von *t* an auslautendes *n* in *tirant* 1255, 1758, *somont* (*submoneo*) 2006, von *c* in *tenc* (*teneo*) 2316 (hier kann *c* jedoch durch Verhärtung des nachtonigen *i* (*e*) entstanden sein **tengo*) und endlich Reime wie *nom* zu *prison* 1261, *reemdre* zu *rendre* 1297, *sempres* zu *domentres* 2208, *donc* zu *somont* 2005.

T

95) Inlautendes *t* zwischen Vokalen ist gefallen: *roes (rotas)* 2007, 2028, 2063, *espea* 2605, *via* 545, 562, 746. — Wörter wie *desputer* 520, *prophete* 572, *natura* 823, 893, *autoritez* 24 sind gelehrt. Zu *d* ist es geworden in *refude (refutat)* reimend mit *estude* 2046 ebenfalls durch gelehrten Einfluſs. Ursprünglich durch einen andern Konsonanten gestütztes *t* ist meist geblieben: *verté* 12, 128, 250, 816, *dopter* 2584, *beuté* 1157, 1366, 1945, *enpaite (impactare)* 2336, *coita* 2048. Nach einer Media ist jedoch *t* zu *d* geworden: *malapde (malehabitum)* 2639, *refuida (*refugitat)* 2347, *cuides* 801, 1085, 1238; auſserdem steht *d* in *faides (facites)* 120, 551, *crestiande* 2154, *pidé* 1364, 2511, *pidés* 1252.

pidé 2511 muſs wegen des Metrums in *pɪete* geändert werden.

96) Auslautendes *t* nach Vokalen fällt: *vertu* 116, 731, 908, *sei (sitem)* 1310, *mari (maritum)* 1562 zu *enemi*, *secrei* 372 zu *mei*, *crei (credit)* 49 zu *dei (debeo)*. In Konjugationsendungen bleibt *t* oft: *apellet* 161, *mandet* 171, *levet* 2605; *sit* wird zweimal *sei* 391, 393, sonst stets *seit* 67, 187, 251, ebenso *et* 12, 13, 19, 26. — Nach Konsonanten bleibt *t* gewöhnlich: *cort* 177, *mort* 119, 200, 646, 805, *tant* 65, *volt (volit)* 609, 710, *vout* 66, 100, 107, 111, *fruit* 904, 2560; oft ist es auch hier nach prov. Art gefallen: *ten (tenet)* 61, 2349, *amen (amant)* 1697, *an (habent)* 222, 862, 1954, *tem (timet)* 346, 1756, 2401, *vol (volit)* 199, 357, 514, *aor (adoret)* 2362. — *facit* wird zuweilen *fai* 111, 2098, *factum* dagegen behält der Regel gemäſs stets sein *t*: *fait* 67, 97, 209, 274.

97) *tr* wird gewöhnlich *r*: *pere* 159, 237, 658, 1218, *lere* 38, *emperere* 133, 339, 373, 465, *derere* 430, *purist* (von *putrire*) 1952, *emperaris* 1425. Daneben findet sich die prov. Entwickelung zu *ir* in *paire* 590, 1689, *emperairis* 1385, 1393, *nuirit* 1725 und vielleicht in *dereires* 1341, 2011. — Zu *rr* assimiliert erscheint es in *porra* (Fut. von **potere*) 1112.

D

98) Inlautendes *d* teilt das Schicksal der Surda, es blieb nur in gelehrten Wörtern wie *odor* 1505, *obedir* 300, *paradis* 457, 915, 1236.

99) Auslautend ist *d* nach andern Konsonanten zu *t* geworden:

Laut- und Formenlehre des poitevinischen Katharinenlebens. 27

grant 11, 14, 18, 154, *unt* 80, 429, 652, *tart* 1912, *pert* 2332. — Gefallen ist es nur einmal in *gran* 2410, in *pren* (*prende*) 1568, 1931 und immer in *en* (*inde*) 34, 70, 104, 134.

100) *nd* ist zwischen zwei Vokalen in den Formen von *prendere* zu *nn* assimiliert: *prenneit* 1421, *prenna* 364, *prennes* 1905, zu n vereinfacht in *prenunt* 2219.

s

101) Die Bezeichnung des Sibilanten ist häufig unregelmäfsig, namentlich werden die im Franz. sonst geltenden Regeln über das Setzen von *s* und *z* nach Konsonanten im Auslaut, und zwar besonders nach *t*, nicht beachtet. Anlautend steht *c* für *s* in *cengler* (wenn von *singularem*) 552, *ceist* (für *seit* = *sit*) 2449, *ces* (für *ses* Pron. poss.) 1154. Inlautend steht *z* für *s* in *vize* (got. *wisa*) 1073 reimend mit *sacrifize*. — Auslautend nach Vokalen steht *z* für *s* in *voz* (= *vos* Pron. pers.) 93, *palaiz* 211, *rivez* 2632. Nach *l* steht meist *s*: *angels* 427, 433, 459, *cels* 866, 1205, 1913, *sols* 94, 1435, 1806. — *z* in *solz* 2319, *folz* 8, *alz* (*ad illos*) 2120 u. a. — Nach vokalisiertem *l* meist *z*: *ceuz* 658, *toreuz* 1867, *beuz* 1053, 1522. — *s* in *ceus* 752, *itaus* 1948. — Nach *ł* meist *z*: *soleilz* 1638, 2098, *oilz* 265, 1609, *s* in *travails* 381, ebenso *s* in *conseus* 2355 und *z* in *ueuz* (*oculos*) 2500. — Nach *n* beides fast gleichmäfsig, *z* namentlich nach ursprünglichem *nn* und nach *r(n)*: *chiens* 2295, 2300, *bons* 1351, *sens* (*sensum*) 1926, *tirans* 509, *chars* 896; — *tiranz* 1283, 1305, 1807, *senz* (*sensum*) 224, 365, 2015, 2058, *bonz* 330, *charz* 1051, 1947, 1952. — Nach einer Dentalis steht, wenn derselben ein Vokal vorhergeht, meist *s*, geht ein Konsonant vorher, meist *z*: *pies* 41, *maris* 2194, *salus* 1154, *parles* 1945, — *prez* (*pratos) 1948, *vanitez* 23, *accusez* 1809; — *talanz* 1223, 1284, 2001, *genz* 521, 1893, *arz* 854; — *gens* 150, 322, *tormens* 2158, *vos* (*vultus*) 1053. — *tz* in *notz* 650 und *dretz* 282 ist wohl Schreibfehler für *iz*. — Auch die Reime zeigen unbedenklich *z* und *s* nebeneinander, nicht nur wo in beiden Fällen *z* (= Dent. + *s*) zu erwarten ist, z. B. *pies* zu *lez* (*latus*) 41, *veez* zu *aves* 521, *sennéz* zu *escoutés* 525, sondern auch wo in dem einen Falle regelrechtes *s* sich findet: *seveliz* zu *mis* 986. Ebenso reimt *ceus* (*caelos) zu *deus* 752, *fouz* zu *lous* (*lausum) 955.

102) *st* + *s* sollte *z* werden, aber auch hier finden wir neben *Criz* 1733, 2602, *iquez* 285, 1040, 1043, 1061, auch *iques* 1302, *ces*

76, 91, 129, 2635, *mandas* (*mandastis*) 888. Dazu' kommen auch *icetz* 1419 und *Cristz* 2516, *iquestz* 1565 vor.

Nach *m* ist *s* stets gefallen in der Endung der 1. Plur.: *demandam* 333, *sirvem* 1479, *cuidavam* 627, *dopterum* 1004.

103) *ss* ist zwischen zwei Vokalen oft vereinfacht: *mesatges* 203, *abaisa* 96, 98, *istesant* 411 (vergl. § 115).

104) Auslautendes *st* kann wie im Prov. sein *t* verlieren: *es* 624, 882, 2157, 2158, *repentis* (*repentisset*) 183, *venques* (Ms. *veques* = *vincuisset*) 688. Hier mufs also, ebenso wie sonst, durchaus Verstummung des auslautenden *t* (s. § 96) eingetreten sein, hierfür spricht auch der Reim *repentis* zu *diz* (*dictos*) 183.

Ebenso in den Coutumes de Charroux *plas* für *plaist*. (G.)

105) Umgekehrt beweist die Einschiebung von unorganischem *s* vor einem Konsonanten in *reisme* (*regimen*) 1456, *sosmes* (*sumus*) 536, 1668, *sosmos* 970, *seist* (für *seit*) 2487, *ceist* (für *seit*) 2449, *dist* (für *dit*) 2352, der Fall von *s* vor *t* in *fit* (*fecit*) 2047, *despreit* (*dispretiat*) 2347 zu *seit* (*sapit*), vor *n* in *desrainer* (*disrationare*) 131, sowie die Reime *olt* zu *dist* 135, *sufrit* zu *fist* 713, *dist* zu *estaloït* 925, *fist* zu *malaït* 2041, *Crist* zu *dist* (für *dit*) 2351, *fit* (für *fist*) zu *poït* 2047, dafs *s* vor folgendem Konsonanten verstummt ist.

106) Vor *s* impurum steht *i* statt *e* in den von *stare* abgeleiteten Formen: *ister* 371, 1089, 1930, *isté* 464, 1430, 1667, *istot* 482, *istabla* 2236; eine Ausnahme macht *esté* 345.

107) Inlautendes *s* ist zu *r* geworden in *asermerunt* (*acesimare*) 14.

C (lat. *c* vor *e* und *i*, *t* + *i* + Vokal.)

108) Die Bezeichnung der aus *c* entstandenen weichen Sibilans (unter Abgabe eines *i*) ist regelmäfsig *s*: *veisina* 1034, *pais* 154, 484, 921, *oraison* 2230, *desputaison* 74, 347, 474, *apreisies* 943. — Die einzige Ausnahme ist wie im Franz. *voiz* (*vocem*) 2570. — Für die scharfe Sibilans wird zwar überwiegend *c* gebraucht, daneben jedoch kommen *s*, *ss*, *zs*, und *sz* vor: *serchent* (*circant*) 2282, *asermerunt* (*acesimare*) 14, *deslaseréz* 2057, *deslaseroient* 2079, *pesa* 355, *menasa* 1891, 2392, *creensa* 25, 513, 717, *ters* (*tertium*) 46, — *pessa* 115, *menassa* 2324, — *deslazeréa* 2035, *douzors* 1184, *vizi* 579, *espazi* 2530, *forza* 2184, — *pesza* 2209, *deslasza* (von *de* + *lacjum*) 2097. — Dieselben Bezeichnungen der Sibilans bietet auch das Suffix —*itia* s. § 35. — Die mit *ecce* zusammengesetzten Pronominal- und Adver-

bialformen haben c oder *s*: *cil* 13, 266, 303, *cest* 603, 622, 2206, *ici* 495, 991, 1002, *isi* 78, 335, 969, *iso* 13, 23, 49, 117, *sella* 2145. — *z* in *izo* 320, 404, 843, *zo* 201.

c als Sibilant findet sich sogar einmal vor *a*: *sapienca* 718.

K

109) Anlautend und hinter Konsonanten ist *k* vor *a* zu *ch* geworden: *charz* 1051, 1947, 1952, *che* (*caput*) 1128, 2203, 2431, *serchent* (*circant*) 2282.

110) Inlautendes *k* ist vor ū, ü zu *g* geworden in *segur* 174, 368, 1037, *agu* 2017, 2022, *negun* 59, 418, 1094 (neben *neun* 1896), *segont* (Zahlwort) 1278, *segunt* (Präp.) 838. — *secunde* 599 durch lat. Einfluſs.

111) Auslautendes *k* ist zu *u* geworden, indem zunächst *ko* eintrat wie in *focum, locum* (vergl. Askoli, Arch. glott. I, 27; Förster, rom. Stud. III, 182) und dann mit Fall des *k* *v* zu *u* wurde, in *preu* (*preco*) 228, 1190, 2225, *diu* (*dico*) 769, 1113, 1593, 1875 (Ms. *dui*), *amiu* 2276, vielleicht auch in *pou* (*paucum*) 1666, 1942, 1997, 2004; — wo jedoch *ou* auch aus *au* entstanden sein kann (vergl. Gast. Paris, Alex. S. 78; Mussafia, Z. f. rom. Phil. I, 409). Auslautendes *k* bleibt in *dic* (*dico*) 2101 und *foc* (*focum*) 1012, 1015, eine orthographische Eigentümlichkeit, wie auch die Anhängung eines unorganischen *k* in *vic* (*vivo*) 2333 zeigt. Auslautend nach Konsonanten ist *k* geblieben, *donc* 281, 517, 1905, *franc* 618; tritt jedoch *s* an, so fällt *k* auch hier: *blans* 1521, *franz* 1862, *clers* 166, 347, 518. Ausnahme *francs* 1381.

112) Während der Infinitiv von *facere* mit der einzigen Ausnahme von prov. *far* 2311 stets *faire* lautet, tritt im Fut. und Kondit. gewöhnlich die *fare* entsprechende Form ein: *farei* 370, 1119, 1121, *faria* 176, *fareit* 126, *farent* 174. Daſs auch in anderen Verbindungen, wo gewöhnlich Auflösung in *i* eintritt, die Gutturalis zuweilen fällt, wurde früher wiederholentlich konstatiert.

113) Die Behandlung der Gruppe Kons. + *i* + *k* ist im allgemeinen regelmäſsig, jedoch erscheint wie prov. eine Dentalis oft als *t*, wobei die Reime zeigen, daſs dasselbe nur ein graphisches Zeichen ist; auch vor *a* wird ǧ durch *g* ausgedrückt neben *j*: *jutgemenz* 191, 332, *jutgament* 2304, *metge* (*medicum*) 2640, *venjanza* (*venjance*) 44, 864, *menjast* 1311, 1358, *menga* 686, *manga* 904, *coratge* 1070, 1551,

1988 zu *enrage*, *linatge* 1821 zu *rage*, *damage* 2859, *chargié* 720. — *clericatum* bildet die prov. Formen *clerzia* 477, *crerzia* 181, *clerzesses* 946 und ebenso **tardicare*: *atarzer* 2459, *tarzérunt* 2259, *tarzeré* 1546, *tarzerét* 1878.

grammaticum wird *gramaie-s* 167, 206, und mit eingeschobenem *r* *gramaires* 1458, *graimaire* 556.

X (Ks)

114) *x* erfährt Umstellung der Elemente in *elesquet* 593, *visquet* 238, vermutlich eine analogische Bildung nach *nasquet* (**nascuit*) 600, *irasquet* 509, 985, 1889.

SK

115) Die Inchoativa zeigen neben den franz. Formen *escharnissent* 642, *garentissunt* 225, 808 auch die mehr dem Prov. entsprechenden *sufrischa* 2229, *obedisches* 1927, *perisches* 1928. Ebenso ist *ss* mit folgendem *i* im Hiatus behandelt im Subj. von *posse*: *poscha* 1915, 2233, *poschant* 418, 421 (**possiam*).

Q

116) Inlautend zwischen Vokalen schwindet das *v* und *k* sinkt zu *g*, das vor *e* durch *gu* und einmal sogar durch *gqu* wiedergegeben wird: *egal* 93, 1114, *segunt* (*sequunt*) 254, *seguerunt* 2374, *seggquei* 243; in *aigue* (*aquam*) 1312 hat *k* ein *i* abgegeben. — Umgekehrt wird die gutturale Surda vor *e* und *i* durch *qu* ausgedrückt: *iquel* 2165, 2269, *iquest* 75, 604, 605, 626, *iqui* 39, 46, 486, *venquessent* (**vincuissent*) 181, *venques* (Ms. *veques*) 688, s. auch § 109. *ch* als gutturale Surda tritt ein in den § 115 angeführten Beispielen.

G

117) Der in § 113 erwähnte Gebrauch des *g* für *ǧ* vor *a* findet sich auch in andern poitevinischen Texten (s. Boucherie, le dial. poit. S. 227). — Auslautendes *g* nach Konsonanten wird zur Surda: *sanc* 1870, 2442, 2611; tritt *s* an, so fällt *c*: *sanz* 743, 1039, 1300. Ausnahme *sancz* 2609.

P

118) *Reponeas* wird als Simplex betrachtet und daher *p* zu *v* gemacht: *revunges* 292.

119) Zu *i* ist *p* geworden in *meisme* (*metipsimum) 807, 2622, *neis* (neipsum) 2635, *chaitis* 566, *chaitiver* 589, *cointe* (computum) 315. Dafs *p* durch Vermittlung von *u* entstanden ist, zeigen die Nebenformen *neuz* 2340, *euz* 1276 (vergl. Förster, rom. Stud. IV, S. 65). Daneben stehen ohne *p meesma* 447, 1098 (vielleicht aus *me-e-isma* mit Fall des *i*); *essa* 2641, *chati* 937, *comte* 950.

B

120) Ebenso wie oben *reponeas ist behandelt *avatre (a-battere)* 2008.

121) Die Form *orant* 1637 zeigt, dafs *b* im Futur von *habere* zu *u* geworden ist.

Auch die Coutumes de Charroux haben *ora*, *oret* neben *aura* etc. (G.)

122) In den von *dubitare* abgeleiteten Formen wird gewöhnlich durch den Einfluſs der dentalen Surda *p* für *b* geschrieben, obwohl die Reime auf Ausfall des Labials hinweisen (vergl. § 52), der sich daneben findet. *doptes* zu *totes* 774, *dopta* zu *tota* 2140, *doptés* 783, *dopterum* 1004, *dopter* 2584, *doptos* 811, 1020, *doptansa* 172, 885, 1315, *redopteit* 2137, — *dot* (dubito) zu *m'lt* 1588, 2630, *dot* (Subst.) zu *mout* 2482, *dotes* zu *escoutes* 804, *dotoit* 484, *dotansa* 144. — Ebenso ist der Labial beeinfluſst durch folgendes *t*, obwohl dasselbe in unserem Texte zu *d* gesunken ist in *mulapde (male-habitum*, s. Cornu, Rom III, S. 377. Tobler, Z. f. rom Phil. III, S. 573) 2635.

V

123) Auslautendes *v* ist zu *u* geworden wie prov. in *greus* (*grevis) 622 reimend mit *deus* (deus); vielleicht ist *gres* zu *des* zu lesen. Sodann steht *u* in *breument* 872, 1241, 2200 neben *bré* 447, 723, 1225 zu *poesté*.

124) Dieselbe Erscheinung wie bei *b* (§ 122) zeigt sich hier vor *t*, indem *civitatem* zu *cipté* wird: 1124, 1168, 1338, 1743.

125) Zur Hiatustilgung ist *v* eingeschoben in *paravis* 922, *glaive* 2266, 2564.

W

126) Deutsches *w* ist zu *gu* geworden: *guisa* 40, 610, 1177, *guart* 480, *esguardes* 95, 103, *guiardon* 2655, *guerpir* 1171, *guerra* 44, 1842. — Vor *a* ist *u* meist gefallen: *garir* 2292, *garent* 771, *gardéa* 395, *gatge* 2360, *gaire-s* 241, 1156, 1198. — Einmal findet

sich *vize* 1073. — Durch deutschen Einfluſs steht *g* (vor *a*) für lat. *v* in *degastés* (*de-vastatis*) 1946.

Auslautgesetz.

127) Unser Text folgt im allgemeinen der franz. Regel; daſs für *e* dann *a* eintreten kann, ist oben (§ 15) erwähnt. Zu den dort gegebenen Beispielen fügen wir noch hinzu *mili* (*milia*) 2058, *terci* (*tertia* scil. *hora*) 2651, *face* (**faciam*) 1762. Diesen Bildungen entsprechend ist *i* zuweilen auch in Mask. geblieben: *espaci* 2530, *avangeli* 249, *vici* (*vitium*) 1872, *vizi* 579. Nach dem von Grüzmacher (Jahrb. IV, S. 377 u. 379) angeführten Formen *avouteri* und *eydiluvi* stimmt dies mit dem Waldens. überein. — Da unser Text diese Bildung noch weiter ausdehnt und auch im Femin. des Demonstrativ-Pronomens einigemal *i* für *a* (*e*) setzt: *cisti* 521, 941, 1204, so dürfen wir annehmen, daſs durch *i* ebenso wie durch *a* und *e* nur der dumpfe, tonlose Laut bezeichnet wurde.

In *autri* (Nom. Plur.) 1519 haben wir es vielleicht mit der Pluralbildung des Waldens. zu thun, das (Grüzmacher, Jahrb. IV, 382) die Plurale *aquisti*, *tanti*, *quanti*, *alquanti*, *moti* (*multi*) immer in dieser Weise bildet.

Den prov. Auslautsgesetzen entsprechen: *chárcer* 1540, *fóuzers* 2096, das von *senior* abgeleitete: *séiner*, *séigner* 419, 423, 605, 890, 1076, und das Femin. *sávia* 1452.

II. Formenlehre.

1. Artikel.

128) Mask. Sing. Nom. *le*, ziemlich oft *li*; vor Vokalen *l'*. — 69, 85, 204, — 203, 253, 307, — 133, 373. Ak. *lo*, vor Vokalen *l'*. — 53, 61, 83, — 113, 249, 276. — *les* 2284 ist Schreibfehler. — Plur. Nom. *li* 19, 102, 117, dreimal *ci* 649, 1145, 1229. — Ak. *les*, selten *los*. — 79, 96, 206, 277, — 336, 743. — *le* 926.

Mit Präpositionen Sing. *del* 22, 95, 186. — *al* 46, 307, 650; *au* 42, vor Vokalen *a l'* 1291. — *el* 99, 153, 211. — Plur. *dels* 195, 374, 671; einmal *deuz* 184; zuweilen *des* 332, 456, 1052, *del* 142 ist Schreibfehler. — *als* 41, 166, 166, einmal *alz* 2120, zweimal *aus* 883, 957, dreimal *as* 1487, 2201, 2432, und einmal *al* 165; *au* 2096 ist vermutlich Präp. (*apud*). — *els* 658, 1913.

Fem. Sing. Nom. *la*, selten *li*, vor Vokalen *l'*. — 86, 109, 113, — 739, 909, 1117, — 403, 450. — Ak. *la* 54, 103, 194. — Plur. Nom. *les* 338, 728, 1014; Ak. *les* 99, 246, 1044, einmal *las* 2436. Mit Präpositionen Sing. *de la* 96, 460, 911, vor Vokalen *de l'* 475, 479. — *a la* 43, 70, 671. — *en la* 1250, 1308, 1497. — Plur. *des* 332, 1052, 2011, einmal *de les* 2014 und *de las* 184. — *as* 41, 1841.

2. Substantiv.

129) Im allgemeinen sind die Kasuszeichen streng festgehalten. Die konsonantisch auslautenden Feminina haben im Nom. Sing. *s* angenommen. Die einzelnen Klassen geben zu folgenden Bemerkungen Anlafs: In der 1. Klasse der Mask. (Parisyllaba mit lat. Nom.-*s*) steht der Acc. als Subjekt in *Jhesu* (*Critz*) 2518 und *Jhesu* (*Criz*) 2602, sowie zweimal in Relativsätzen: *que ant paiens* 260 reimend mit *porpens* und *que ci sers dé sufrirent* 1229. — *Jh'u Crist* 1865 ist Apposition zum Subjekt. — Das Prädikatsnomen steht im Acc. in *crisme* ($\chi\varrho\tilde{\iota}\sigma\mu\alpha$) 1039 und *baptisme* 1040. — Endlich steht der Acc. statt des Nom. nach *coma* in *co:euz* 2078 reimend mit *claveuz*.

Der Nom. steht für den Acc. in *dos* (*donum*) 415 reimend mit *bos* (*bonum*), „*dona mei cest dos | que quant que eu direi seit bos.*" Da das präd. Adj. meist Acc.-Form hat, so wird *don* zu *bon* zu lesen sein; im Plur. *in dels mal* 1027 reimend mit *sal*.

In der Phrase *uns jorz* = eines Tags 1876 haben wir es mit der Anfügung eines Adverbial-*s* zu thun.

Wir erwähnen hier noch den absoluten Acc.: *dos clos als mans et dos als pies* 41.

130) Von Parisyllabis (Mask.) ohne Nom.-*s* ist *liber* in die 1. Klasse übergetreten: Nom. Sing. *livres* 315.

131) Die Imparisyllaba (Mask.) ohne Nom.-*s* haben selten bereits *s* angenommen: *empereres* 487, 2375, *traítres* 215, 1008. — Für *sire* tritt zuweilen als Subjekt und Vokativ, gewöhnlich als Prädikatsnomen das prov. *séigner*, *séiner* ein: 1737, 1865, — 419, 423, 2101, — 605, 890, 1076. — Von *homo* lautet der Nom. Sing. *hom* 1, 65, 160, 238 und einmal *homs* 2298.

132) Bei den konsonantisch auslautenden Fem. steht der Acc. als invertiertes Subjekt in *quauz* (*qualis*) *est la poesté* 842. — Nom.-Form für den Acc. steht *in avem tanz autoritez* 24 im Reim zu dem Prädikatsnomen *vanitéz*; vermutlich ist *tante autorité* und *vanité* zu lesen.

Entsprechend dem oben erwähnten *uns jorz* steht *de notz* 650.

133) Im Genus findet im allgemeinen Übereinstimmung mit dem franz. Sprachgebrauch statt. Wir bemerken folgende Einzelheiten: *fames* ist stets Mask.: *le fams* 1751, *seit ostés ... fams et seis et pestilenza* 2553—2554. — *honte* ist Mask.: *cest grant ante* 1894; *icest grant humte* 2358. — *gaudium* ist Mask.: *mon joi* 2332, *cort joi* 944, einmal steht die weibliche Form *joia* 1635 ohne Artikel, wo jedoch das Metrum diese Form fordert. Das Geschlecht von *dentem* läfst sich nicht bestimmen, da es nur mit dem Pron. *ses* vorkommt: *ses denz* 1890. — *lous* (*lausum) ist wie im Franz. Mask.: *lo lous* 168, 956.

3. Adjektiv.

134) Auch hier ist die Deklination streng durchgeführt. — Die Adjektiva der 3. lat. Deklination haben im Fem. ihre regelrechte, lautliche Form behalten; nur *dulcis* bildet wie im Franz. das Fem. *douza* 2583. — Das attributive Adjektiv kann die Acc.-Form haben; so finden wir *bon* 393, 567, 677, *bel* 1977, 1980, 2104, *lait* 189, 624.

Kasusverletzungen sind: *riches* 735 als Nom. Sing. Fem., *saive* 1043 als Acc. Plur. Mask.; — die Nom.-Form nach *se faire* in *les quals vos faides si fer et si ardi* 551—552 und nach *se tenir pro* (vergl Tobler, dis. d. v. anel., S. 26) in *chascuns s'en pot tener par fouz* 955. Der Acc. Plur. Fem. ohne *s* in *a grant mervilles* 431.

135) Die Komparation bietet nichts Besonderes, wir erwähnen nur, dafs die Vergleichungspartikel meist *de* ist 22, 308, 850, 1132, selten *que* 82, 1598.

4. Numerale.

136) Bei den Kardinalzahlen ist zu bemerken, dafs *catre* einmal mit Flexions-*s* erscheint: *catrez* 2006, und dafs neben *catre millérs* (*milliarium*) 2124, *cent mili* 2058 vorkommt. Sodann erwähnen wir noch den Ausdruck *plus cent itanz* 1990 = hundertmal soviel.

137) Die Ordinalzahlen werden von sechs ab mit dem prov. Suffix —*enum* gebildet: *sesten* (Ms. *senten*) 2650, *treizen* 1048.

5. Pronomen.
1. Personalpronomen.
I. Absolutes (betontes) Pronomen.

138) Sing. 1. Pers. Nom. *eu* 82, 236, 355, seltener *je* 78, 251, 364, *ge* 156, 543. — *il* für *ie* (*je*) 668. — Acc. *mei* 3, 235, 259,

273, zuweilen prov. *mi* 499, 1210, 1691. Im Reim stets *mei* 1211 zu *dei*, 496 zu *vei*, 235 zu *rei*.

2. Pers. Nom. *tu* 37, 75, 141, 225, unmittelbar vor dem Verb auch *te* 1861, 2472, 2473, *t'* 221, 1081. — Acc. *tei* 145, 149, 292, *ti* 853, 1098, 1149. Im Reim nur *tei* 1559 zu *rei*, 1817 zu *rei*, 145 zu *lei*.

3. Pers. Nom. Mask. *il* 3, 30, 34, 35, oft *el* 67, 126, 200. Für das Neutrum steht einmal *lo* 992 (wie im Prov., s. Chabaneau, Rom. IV, 342, VII, 329). Fem. *ella* 185, 389, 482 und fast ebenso oft wie prov. *il* 103, 197, 348. — Einmal findet sich dem prov. *ilh* entsprechend: *illi* 641. — Acc. Mask. *lui* 452, 467, 567; Fem. *lei* 397, 600, 633, 927, und ebenso oft *le* 350, 398, 834. Beide Formen stehen im Reim, *lei* 1436 zu *prei*, 2189 zu *livrarei*; — *le* 350 zu *clamé*, 2214 zu *comandé*.

Plur. 1. Pers. Nom. *nos* 9, 47, 125; Acc. *nos* 153, 361, 366.

2. Pers. Nom. *vos* 51, 123, 387; Acc. *vos* 28, 569, 606.

3. Pers. Nom. Mask. *il* 21, 287, 289. — Fem. *elles* 100, 2020. Acc. Mask. *euz* 57, 270, 302, *eus* 624, 880, *els* 865, 1060, *os* (s. § 49). Fem. *elles* 2077.

Reflexiv der 3. betont *sei* 316, 1378, 2574, zuweilen *si* 884, 1420, 1871. Im Reim stets *sei*, es reimt mit *rei* 1378, 1574, 2273.

non + illum wird *nol* 87, 132, 1153, *nel* 94, 705, 1306; *non + illos nols* 262, 306, *nels* 484, *nes* 256.

II. Konjunktes (unbetontes) Pronomen.

139) Sing. 1. Per. Dat., Acc., *me* 54, 157, 417, 418, *m'* 232, 262, 359. — *mes* 506 ist ein Schreibfehler.

2. Pers. Dat., Acc., *te* 131, 156, 228, 435, *t'* 8, 127, 218. Für den Dativ findet sich mehrmals 1875, 2103, 2413, für den Acc. einmal 1179 die Form *ti*.

3. Pers. Mask. Dat. *li* 36, 71, 97, 112. Acc. *lo* 33, 35, 50, 72, *l'* 71, 602, 652; *lo* für *la* ist zu lesen 2345 in *qui la (Porphire) m'a enchanté*.

Das Neutrum wird gewöhnlich durch die Mask.-Form ausgedrückt; einmal tritt jedoch das Fem. *la* ein 1624 (vergl. Tobler, Jahrb. VIII, 338; Germania II, 443. Förster, Rich. l. b. zu V. 2393).

Fem. Dat. *li* 136, 217, 393, *l'* 1956; *lei* 1914. Acc. *la* 111, 114, 182, 193, *l'* 107, 216, 355, *li* 2001.

Plur. 1. Pers. Dat., Acc., *nos* 21, 26, 385, *vos* (*uos*) für *nos* 286.
2. Pers. Dat., Acc., *vos* 124, 551, 608.
3. Pers. Dat. *lor* 66, 83, 171, 175, *lors* 497. Acc. Mask. *les* 68, 92, 279, 280, *los* 80, 266, 295. Fem. *les* 2218, *las* 2264.
Reflexiv der 3. unbetont *se* 183, 190, 208, *s'* 34, 70, 134. Dreimal steht *si* 89, 289, 2342.

2. Possessivpronomen.

I. Singularisches.

A. Konjunktes Pronomen.

140) 1. Pers. Sing. Mask. Nom. *mes* 237, 663, 860; seltener *mos* 1805, 2601, *moz* 2517. Acc. *mon* 155, 259, 372. Fem. Nom. *ma* 130, 770, 859, vor Vokalen *m'* 1183, 2517. Acc. *ma* 513, 1109, 1197, vor Vokalen *m'* 1139, 1159.

Plur. Mask. Nom. *mei* 1685. Acc. *mes* 1086, 1201, 2332. Fem. Nom. *mes* 773. Acc. *mes* 2565.

2. Pers. Sing. Mask. Nom. *tes* 159, 223, 224. — *tos* 1926. — *des* für *tes* 516. — Acc. *ton* 219, 336, 453. Vor *n* auch *to* 218, 2552. — Fem. Nom. *tu* 223, 1925, 1926. Acc. *ta* 838, 1122, 1198, *t'* 2322.

Plur. Mask. Nom. *tei* 807, 997. Acc. *tes* 271, 409, 853, *tos* 1223. Fem. Nom. *tes* 224, 854. Acc. *tes* 1587.

3. Pers. Sing. Mask. Nom. *ses* 204, 312, 1916. Acc. *son* 84, 101, 198. Vor *n* auch *so* 607, 1580. Fem. Nom. *sa* 52, 188, 599, *s'* 394, 2355. Acc. *sa* 116, 177, 205, *s'* 106, 363, 1730.

Plur. Mask. Nom. *sei* 45, 178, 1342. Acc. *ses* 185, 951, 975. Fem. Nom. — Acc. *ses* 163, 164, 344, *ces* 1154.

Die in den übrigen poit. Denkmälern regelmäfsig auftretenden Formen *mis, tis, sis* (G.) bietet unser Text nicht.

B. Absolutes Pronomen.

141) Neben den Formen mit auslautendem *n* stehen provençalische, in denen das nachtonige *u* erhalten ist, jedoch finden sich nur die ersteren im Reim, ausgenommen *meus* 2408 zu *ches*, wo vermutlich *mes* (aus *mens*) zu lesen ist. Die Formen des Fem. sind vom Mask. unabhängig.

1. Pers. Sing. Mask. Nom. *meus* (?) 2409. Acc. *men* 1484 zu *ben*, 1885 zu *crestien*, 2366 zu *bien*; *mei* 158 zu *bien* ist Schreibfehler.

Laut- und Formenlehre des poitevinischen Katharinenlebens. 37

meu 1108. — Vielleicht ist mon zu lesen 2475 für del nom deu. Fem. Nom. mia 1532.

Plur. Mask. Nom. men 1037, meu 1118. Acc. mens 845 zu tens, 851.

2. Pers. Sing. Mask. Nom. tons 664 zu bons; teus 1733. — Acc. teu 446, 1554, 2567. Fem. Nom. toa 995. Acc. toa 1103.

Plur. Mask. Nom. teu 808, 861. Acc. tons 408 zu bons; tens 846, 2166, teus 2167.

3. Pers. Sing. Mask. Nom. seus 33, 643. Acc. sen 161, 572, 1280, 2248, 2349 zu crestien, seu 1261.

Plur. Mask. Nom. sen 2059. Acc. sens 856, sons 2125 zu confusions, seus 1607, 1799.

Ebenso ist sons (sos) für senz 1891 zu lesen wegen des Reimes mit somos.

II. Pluralisches.

142) Da das konjunkte und das absolute Pronomen dieselbe Form haben, so trennen wir sie hier nicht.

1. Pers. Sing. Mask. Nom. nostre 603, 1737, 2616. Acc. nostre 583. Fem. Nom. nostra 1481, 1673. vostra (uostra) steht für nostra 9. Acc. nostra (nostre) 146, 384, 910, nostr' 2363.

Plur. Mask. Nom. nostre 583. Acc. nos (aus *nostr's, *nosts, *noz) 148, 229, 358, 382, seltener nostres 226, 351, 362. Fem. Acc. nos 150, analogische Übertragung des Mask.

2. Pers. Sing. Mask. Nom. vostre 604, 1944, 1946. Acc. vostre 553. Fem. Nom. nostra steht für vostra 25. Acc. vostra 545, 783.

Plur. Mask. Nom. vos 550, vostres 789. Fem. Acc. vos 549, 550, 790, vostres 245, 1949.

3. Pers. Sing. Mask. Fem. Nom. lor 48, 326, 1656, 2421. Acc. lor 170, 181, 241, 325.

Plur. Nom. lor 584. Acc. lor 1471, 1971 und mit analogischem s lors 2194, 2560.

3. Demonstrativpronomen.

143) Die mit ecce zusammengesetzten Formen finden sich häufiger als die prov. mit eccu, namentlich sind die aus eccu + ille entstandenen selten. Anlautendes i (aus k) in ecce ist gewöhnlich gefallen, in eccu gewöhnlich geblieben. Das Maskulinum hat zuweilen Formen in —ui (wie das Femininum solche in —ei) und zwar steht illúi ebenso wie

Laut- und Formenlehre des poitevinischen Katharinenlebens.

iste auch ohne *eccu, ecce.* Im Nom. Sing. ist durch Analogie zum Plural oft *i* für *e* eingetreten.

144) *iste.* 1. *iste* allein. Mask. Sing. Acc. *est* 488, 573, 588. Fem. Sing. Acc. *esta* 44, 142, 632.

2. *ecce* + *iste.* Mask. Sing. Nom. *cist* 15, 679, 1383, *cest* 603, 622, 2206 (*cist* überwiegt), *icest* 381, 2158. Acc. *icest* 1210, 2074, 2318, *cest* 17, 536, 600, *cestui* 2356.

Plur. Nom. *cist* 323, 417, 495. Acc. *ices* 299, 300, 319, *ces* 76, 91, 129; aufserdem ohne *s*: *icest* 56 reimend mit *iquest* (Nom. Plur.), 1889 und *cest* 2485. *icetz* 1419 reimend mit *pres* ist nicht ganz sicher.

Fem. Sing. Nom. *icesta* 2654, *cesta* (*ceste*) 69, 396, 621, 949, *cist* 620, *cisti* 521, 941, 1204. Acc. *icesta* (*iceste*) 463, 1132, 1245, *cesta* (*ceste*) 51, 491, 717.

Plur. Nom. *cestes* 1267. Acc. *icestes* 2312, *cestes* (*cestas*) 139, 616, 1229.

3. *eccu* + *iste.* Mask. Sing. Nom. *iquest* 604, 605, 620, *iquist* 1909 reimend mit *Crist*, *iquez* 1040 durch Analogie. Acc. *iquest* 75, 626, 641, *iquist* 2614 (Nom. für Acc.).

Plur. Nom. *iquist* 317, 400 zu *dist*, 439. Acc. *iquez* 285, 1043, 1061, *iquestz* 1565; ohne *s*: *iquest* 425, 1535, *īqst* 1135.

Fem. Sing. Nom. *iquist* 1750, *iqūz* 351; an ersterer Stelle verlangt das Metrum *iquesta.* Acc. *iquesta* 699, 969, 1157.

145) *ille.* 1. *ecce* + *ille.* Mask. Sing. Nom. *cil* 709, 1377; *cel* 566, 1127, 1206. Acc. *icel* 2349, 2633, *cel* 16, 2088, 2195, *celui* 665, *cellui* 2351.

Plur. Nom. *icil* 173, 1578, *cil* 13, 266, 303. Acc. *iceuz* 254, 613, 1110, *ceuz* 167, 312, 402.

Fem. Sing. Nom. *cella* 1150, 1285, 1725, *sella* 2145. Acc. *cella* 247, 1192, 1395.

Plur. Nom. *celles* 2023, 2026.

2. *eccu* + *ille.* Mask. Sing. Acc. *iquel* 2165, 2269. Plur. Nom. *iquil* 583, 2080, 2329. Acc. *iqueuz* 1523. Fem. Sing. Acc. *aquella* 594.

3. **illuic.* Sing. Acc. *ellui* 570.

146) Als Neutrum finden sich etwa gleich oft *hoc* und *ecce hoc*: *o* 8, 14, 50, 62. — *so* 21, 34, 45, 67, *zo* 201, *iso* 13, 23, 49, *izo* 320, 404, *aiso* 833, 1628, *eiso* 925. Vielleicht ist *soi* 2097 in *so* zu ändern.

4. Relativpronomen.

147) Der Unterschied zwischen *qui* und *que* wird nicht genau festgehalten, namentlich steht oft *que* für *qui*; *qualem* findet sich selten als Relativpronomen.

Sing. Nom. Mask. *qui* 146, 374, 566, *que* 679, 1298, 2492. Fem. *qui* 732, 819, 824, *que* 628, 633, 1597. Neutrum stets *que* 564, 565, 567. Acc. Mask. *que* 506, 548, 641, *qui* 2270, *qual* 1539, 2341. Fem. *que* 69, 180, 426, *qui* 244, *qual* 2052. Auf Personen bezüglich *cui* 213, 454, 1164. Einmal *quei* 1732 mit Beziehung auf *seinor*. Neutrum *que* 67, 97, 373, vor *a, o, u* auch *c'* 135, 151, 527, *co* einmal 1251 und ebenso *quei* 72.

Plur. Nom. Mask. *qui* 13, 91, 92, 167, *que* 301, 733, 2018. Fem. *qui* 2023, 2122. Acc. Mask. *que* 117, 195, 260, *quals* 1565. Fem. *que* 1229, 1571. *cui* wie oben 504, 775, 2193.

qui = *is qui* 8, 49, 57, 68, *que* = *id quod* 89, 253, 1035. — *quicunque* wird durch *qui que* 483, *quodcunque* durch *lo qual que* 1839, *qual que* 2472 ausgedrückt.

5. Interrogativpronomen.

148) Substantivisch: Sing. Nom. *qui* 392, 1794, 1819, *que* 225. Plur. Nom. *que* 327. Neutrum *que* 1019, 1085, 1771, in Verbindung mit *per* auch *quei* 274, 1097, 1945.

Wir erwähnen noch das neutrale *que* in *que es honors* 301.

Adjektivisch: Sing. Nom. Mask. *quals* 724, *quauz* 842. Fem. *quauz* 326. Acc. Mask. *qual* 28, 522, 637. Fem. *qual* 273, 290, *la qual* 742, *quel* 1788, das einzige Mal, wo *a* zu *e* wird.

Plur. Nom. Mask. *qual* 1578. Acc. Mask. *quals* 221, *les quals* 551.

Wir erwähnen hier noch den demonstrativen Gebrauch von *qual* in *a qual coseil d'emperaor et qual sentenza de seignor* 377—378.

6. Unbestimmtes Pronomen.

149) *autre* nimmt im Nom. Sing. kein *s* an 1188, 1806, 2612. — *autri* 1519 (vergl. § 127). — Zweimal steht *autrui* 899, 1384.

Neben *maint* 106, 912, 1037 etc. steht zweimal ohne *i* *mantes* 385, 1595. Fälschlich steht *mainte* 2036 als Acc. Sing. Mask. sowie *maintos* 347 und *mantes* 365 als Acc. Plur. Mask.

Von *totum* erwähnen wir die Anwendung von *toz* 2188, 2272 (?), 2424, 2431, und von *tote* 405 als Adv. und das substantivische *lo tot* 778.

tantum hat einmal als Acc. Sing. Fem. *tanz* 24 für *tant'*. — Wir erwähnen die Phrase *ni tant ni quant* 1476 = durchaus nichts. Bei *talem* ist die Verbindung *tal i ot* (*habuit*) 1921 = mancher zu bemerken (vergl. Tobler, Jahrb. VIII, 350).

6. Verbum.

150) Nachtoniges *a* bleibt nach allgemeiner Regel gewöhnlich, wenn kein Konsonant folgt. So hat die 3. Sing. Präs. Ind. der 1. schwachen Konj. gewöhnlich *a*, wenn das auslautende *t* fällt, während der Infinitiv der 1. schwachen Konj. nur selten —*ar* neben dem gewöhnlichen —*er* zeigt.

151) Die Endung der 1. Plur. Präs. Ind. hat das auslautende *s* stets verloren. Während das Franz. gewöhnlich die Endung der 1. schwachen Konj. (s. Förster, Z. f. nfrz. Spr. I, 87) auf die übrigen Konjugationen überträgt, finden wir in unserm Texte in der 2. und 3. Konj. nach prov. Art gewöhnlich —*em* entsprechend — *emus*, das dann auch in der 1. Konj. ebenso häufig erscheint, wie das aus —*amus* entwickelte —*am*. Nach Grüzmacher ll. cc. hat das Waldens. fast immer *en*. Die franz. Endung —*om* findet sich nur einmal und zwar reimend mit *hom*, mit dem auch —*am* öfters reimt (vergl. § 44). Die 2. Kónj. hat zuweilen auch —*am*, die 3. nie. — Im Subjunktiv haben alle Konjugationen —*am*. Im Futur hat die 1. Konj. —*um* reimend mit *hom*, die übrigen —*em* s. § 164).

152) Ähnliches Schwanken findet sich im Vokal der 3. Plur. Unzweifelhaft verdanken —*ant*, —*ont*, —*unt* einer Accentverschiebung ihren Ursprung (vergl. Förster, Z. f. ö. G. 1875, S. 541; Bonnardot, Rom. I, 337, II, 251—255; Mall Cumpoz, S. 109 etc.). Jedenfalls aber sind diese Endungen in unserm Texte nicht unbedingt betont. Wenn die Stammsilbe den Reim trägt, so steht zwar gewöhnlich —*ent*: *ámentent* zu *reclámentent* 1579, *vínent* (für *venent*) zu *deménent* 2581; *véent* zu *créent* 265, und wenn die Endung den Reim trägt, gewöhnlich —*ant*: *donessánt* zu *seránt* 1787, *ploressánt* zu *destorbessánt* 2501, *percessánt* zu *arangessánt* 2217, *deussánt* zu *aguessánt* 2292, *istesánt* zu *aguesánt* 411; aber von vornherein ist zu bemerken, dafs wir nie im Reime —*unt*, —*ont* zu —*unt*, —*ont* finden, —*únt* reimt einmal und zwar mit —*ént*: *proiúnt* zu *trovént* 2549, ebenso reimen auch —*ént* und —*ánt*: *hastessént* (Ms. *gasdessent*) zu *venesant* 171, und aufserdem auch —*ént* mit —*ént*: *rendessént* zu *venquessént* 182, *aiént* zu *veirént*

(Fut.) 2059 und aufserdem steht auch im Fut. öfter —*ent* wie —*ant* etc., so dafs es also nicht bezweifelt werden kann, dafs auch —*ent* den Ton tragen kann. Umgekehrt zeigen die Reime *séntunt* zu *deméntent* 293 und *tormentavont* zu *amenavont* 1919, dafs auch —*unt* und —*ont* unbetont sein können. Das Imp. Subj. scheint in unserm Texte immer Accentverschiebung zu haben, da bei ihm stets die Endung den Reim trägt (s. o.), (vergl. Burguy I, 266). Das Waldens. hat gerade im Fut. stets —*én*, in den übrigen Zeiten —*an*, —*on* und nur selten —*en*. — Auch Benoit de St. Maure hat im Imperf. Subj. stets die Endung betont, jedoch tritt dann stets —*ont*, —*unt* ein (vergl. Settegast, S. 47). Näheres bei den einzelnen Konjugationen. — Endlich bemerken wir noch, dafs *t* nach allgemeiner Regel nach *n* fallen kann. Das Neupoit. hat nach Favre (gloss. du Poit. S. LXV ff.) stets —*ant*, aufser im Parfait, wo —*ont* eintritt.

153) Der Ind. Imperf. zeigt sehr mannigfaltige Formen. Die 3. Pers. Sing. und Plur. der 1. Konj. hat oft die aus dem Normannischen bekannte Form —*ot*, —*oent*; daneben befinden sich die prov. Formen —*ava* (einmal), —*avam*; die 2. Konj. hat gewöhnlich —*eit* (nie —*oit*). In der 3. Konj. findet sich die 3. Sing. nicht, die übrigen Personen werden wie im Prov. selbständig aus dem lat. —*ibam* abgeleitet: Sing. 1. *ïa*, 2. *ïes*; Plur. 3. *ïent* und hiernach wird oft die 3. Sing. auf —*it* gebildet. — Nach Analogie dieser Formen hat auch die 1. Konj. einmal *apreisïes* (*apretiabatis*) 943. Durch Analogie zur 2. Konj. hat auch die 3. zweimal —*eit* und einmal —*eient* (s. u.).

Da unser Text den Übergang von *ei* zu *oi* nicht zeigt, so müssen die Formen —*oie*, —*oit*, *oient* der 1. Konj. als selbständige Entwickelungen angesehen werden; *oi* entstand aus den Diphthongen *ou*, indem *u* zu *i* überging (*abam, au, ou, oi*) (vergl. Mall Cumpoz, S. 66, gegen Darmesteter, Rom. II, 145, der Einschiebung eines *i* annimmt).

154) Das prov., vom lat. Plusquamperfektum abgeleitete Kondit. (Diez, Gr. II⁴ 122) bietet uns noch einige Formen: *vendrent* 173, *farent* 174, *voldrent* 176, *feiras* 1195, *partrent* 2386. — Das durch Zusammensetzung mit *habebam* gebildete Kondit. hat ebenfalls die prov. Form: —*ïa*, —*ïes*, —*it* (für *ïet* wie im Imperf.) —, —*ïés*, —*ïent*. Nur die 3. Sing. hat auch —*eit*.

155) Im Fut. und im Parf. steht in der 1. Sing. meist —*ei* für —*ai* und ebenso in der 2. und 3. Sing. und in der 3. Plur. *e* für *a*.

156) Im Imperf. Subj. findet in der 1. Konj. Schwanken zwischen *a* und *e*, in der 3. zwischen *e* und *i* statt.

157) Das Part. Präs. der 2. und 3. Konj. hat gewöhnlich die Endung —*ent*. Es scheint also nicht der Analogie der 1. Konj. zu folgen, jedoch könnte auch für *a* vor dem Nasal *e* eingetreten sein. Eine Analogie fände dieser Übergang in *vienda* 1797, das bekanntlich von *vivanda abzuleiten ist. — Wir erwähnen hier noch die absoluten Gerundien *oiant trestoz* 615 und *veiant toz euz* 657.

Hilfszeitwörter.

1. Habere.

158) Ind. Präs. Sing. 1. *ai* 127, 355, 414. 2. *as* 137, 221, 335. 3. *a* 1, 7, 83.'

Plur. 1. *avem* 24, 151, 977, *avom* 1021. 2. *aves* 522, 623, 625, *avez* 2511. 3. *ant* 744, 997, *an* 222, 862, *ont* 1632. *avem* 32 mufs vermutlich in *oem* geändert werden.

Ind. Imp. Sing. 2. *avīes* 2159. 3. *aveit* 919, 1063, 1066, *avit* 1716..

Plur. 1. *avīam* 979. 3. *avīent* 168, 317, 1053, *aviant* 580. *aiuent* 2284 ist in *auīent (avient)* zu ändern.

Parf. Sing. 1. *oi* 553, 700, 1797, *ot* statt *oi* 1830, *agui* 239, 1796, 1798. 3. *ot* 29, 44, 71, 159, *aguit* 432 reimend mit *esclarzit*, 1726, 2136.

Plur. 3. *orent* 2265, *aguiront* 1921, *aguirt* 1464 zu *poguirunt*, *agrunt* 645.

Fut. Sing. 1. *aurai* 1170, *auraei* 1236, *aurei* 2484. 2. *auras* 158, 1226, 1558, *aures* 2205, 2246, 2248, *aurez* 1556. 3. *aura* 198, 1615, *aurét* 58, 1618, 1633, *auré* 527.

Plur. 1. *aurem* 152. 2. *aures* 302. 3. *aurent* 1104, 1631, 2412, *auren* 1103, *orant* 1637 (vergl. § 121).

aurai 1170 reimt mit *sai (sapio)*, *auras* 2586 mit *as (habes)*.

Subj. Präs. Sing. 2. *aies* 436, 1450, 1823. 3. *ait* 793, 799, 1022.

Plur. 1. *aiam* 1667. 3. *aient* 1765, 2059, 2544.

ait 2436 reimt mit *fait*, 1130 mit *forfait*, *aient* 2059 mit *veirent*.

Subj. Imperf. Sing. 1. *aguessa* 1828, *agues'* 1829. 3. *aust* 1820, *aguest* 5, 145, 968, *aguist* 628, 915, 2066. — Plur. 3. *aguessant* 412, 2291, 2393. Reime s. o.

Kond. Sing. 3. *aureit* 1142, 1316, *aurit* 1462.

Imper. Sing. 2. *aies* 1098, 1510, 1551. — Plur. 2. *aies* 1035.

Infin. *aver* 356, 420, 497.

Part. Prät. Mask. *agu* 221, 2170; Fem. *aua* 143. *fusses aua =* wärest gewesen. Nach Grüzmacher (Jahrb. IV, 386 Anm.) ist diese Form im Waldens. sehr gebräuchlich. Auch die von Boucherie herausgegebenen poitev. Predigten (le dial. poit. S. 254) kennen sie. Vergl. ferner Mussafia, Jahrb. V, 247. Rom. II, 120. Tobler, Gött. Anz. 1874, S. 1423. Förster, rom. Stud. IV, 77. Bertrand, Herrigs Archiv XXXV, 128.

2. *Essere.

159) Ind. Präs. Sing. 1. *soi* 234, 236, 453. 2. *es* 225, 337, 424, *est* 2298. 3. *est* 11, 23, 25, *es* 68, 187, 188.

Plur. 1. *somes* 991, 1001, *sosmes* 536, 1668, *sosmos* 970. 2. *estes* 91, 119, 524. 3. *sunt* 64, 77, 117, *son* 1653.

' Dreimal steht *ses* für *es* 220, 1818, 1939, vielleicht durch den Einfluſs des Subj.; *ost* für *est* 512 und *vont* für *sont* 240.

Ind. Imperf. Sing. 1. *ere* 251, *eire* 246 zu *lumneire*, *esteie* 1143 zu *vaudria*, so daſs wohl in *estīa* zu ändern ist, da im Kond. nie —*eie*. 3. *ere* 37, 160, 238, *esteit* 753, 757, 1076.

Plur. 1. *estīam* 591. 2. *estīés* 939. 3. *erent* 22, 327, 331, *erunt* 1516, 2071, *estient* (*estiant*) 167, 349, 400, *esteient* (*esteiant*) 1519, 1578. Die gebräuchlichen Formen sind gleichmäſsig *erent* und *estient*. Die 3. Sing. lautet einmal *estoit* reimend mit *poït* 680; da wir sonst nie *estit* finden, so ist *esteit* zu *poeit* zu lesen; einmal *ert* 430.

Parf. Sing. 1. *fui* 233, 543, 1417, *foi* 2331 zu *joi*. 2. *fus* 2575. 3. *fu* 39, 43, 160, weniger oft *fo* 29, 52, 462, nur *fu* im Reim 967 zu *vertu*, 638, 819, 835 zu *Jhesu*, 1778 zu *batu*, 1664, 1942 zu *respondu*, 1679 zu *creu*.

Plur. 1. *fusmes* 1670. 3. *forunt* 16, 18, 323, *foront* 1045, *furent* 209, 308; — *furunt* 1339, 2063, *furont* 1050. Meist *forunt*

Fut. Sing. 1. *serei* 1169, 1300, 1859, *serai* 1178. 2. *seras* 449, 1099, 1114, *seres* 1117, 1301, 2163. 3. *ert* 8, 365, 996, *sera* 197, 1039, 1616, *seret* 1876, 1916, *seré* 2104, *serai* 1167.

Plur. 1. *serem* 1027, 1028. 3. *serent* 196, 1628, 2012, *serant* 1788, 2017, 2023, *seren* 1118. *sereis* 122 soll wohl die 2. Sing. sein.

Subj. Präs. Sing. 1. *si* (für *sia* vor Vok.) 1220. 2. *sias* 811, 1837, 1862. 3. *seit* 67, 187, 251, *sei* 391, 393, *seist* 2487, *ceist* 2449.

Plur. 1. *siam* 2369. 3. *siant* 174, 386. 1012, *sient* 2590, *siunt* 1700, *sian* 2401.

44 Laut- und Formenlehre des poitevinischen Katharinenlebens.

Die Reime *sias* 1837 zu *creas*, *siant* 1902 zu *reiant*, *siunt* 1700 zu *creunt*, *sient* zu *creent* 2590, verlangen die franz. Formen *seies* etc. Für *seies* (*sias*) steht *sed* 2450.
 Auch die Coutumes de Charroux kennen die Formen *siet* etc. (G.)
 Subj. Imperf. Sing. 1. *fussa* 544. 2. *fusses* 143, 150, *fossas* 141. 3. *fust* 6, 30, 31, 38.
 Plur. 3. *fussant* 1011, *fusent* 1032, *fossant* 1777, 2395.
 Kond. Sing. 1. *seria* 1137. 3. *sereit* 189, 402, 817. — Plur. 3. *seriant* 177.
 Imperf. Sing. 2. *seies* 2093, 2536, *sies* 722, *sias* 1020 (*ista* 1735, 2252). — Plur. 2. (*istés* 1037, *istez* 368).
 Infin. *estre* 201, 252, 366.
 Part. Prät. *esté* 345 (*isté* 464, 1430, 1667).

Schwache Konjugation.

160) Im folgenden geben wir das Paradigma der drei schwachen Konjugationen und der starken, soweit sie sich — entsprechend ihrer Infinitiv-Endung — der schwachen anschliefst.

			I.	II.	IIIa.	IIIb.
Präs. Ind.	S.	1.	—	—	—	*is*.
		2.	*es, as*.	*s, z*.	*s, z*.	*is*.
		3.	*a, e, et*.	*t, —*.	*t, —*.	*ist*.
	Pl.	1.	*am, em, om, um*.	*em, om um*.	*em*.	+
		2.	*es, ez*.	*es, ez*.	*es, ez*.	*es*.
		3.	*ent, unt, ant, ont, en*.	*ent, unt, ont*.	*ent, unt*.	*issent, issunt*.
Impf. Ind.	S.	1.	*oie*.	*ie, ia*.	*ia*.	
		2.	+	*ies*.	*ies*.	
		3.	*ot, oit, eit, aca*.	*eit, it*.	*ia (it)*.	
	Pl.	1.	*avam*.	+	+	
		2.	*ies*.	+	+	
		3.	*avont, vient, oent*.	*ient, iant*.	*ient, iunt*.	
Parf.	S.	1.	*ei, ai*.	*ei, i (?)*.	*i*.	
		2.	*as*.	+	*is*.	
		3.	*a*.	*et, it, eit*.	*it*.	
	Pl.	1.	+	+	+	
		2.	*as*.	+	+	
		3.	*erent, erunt*.	*erent*.	*irent, iront*.	
Fut.	S.	1.	*ei, ai*.	*ei, ai*.	*ei, ai*.	
		2.	*as, es*.	*es, as*.	*as, es*.	
		3.	*e, a, et*.	*e, a, et*.	*e, a*.	
	Pl.	1.	*um*.	*em*.	+	
		2.	+	*es*.	*es*.	
		3.	*ent, ant, ont*.	*ant, ent unt*.	*unt, ent, ent*.	
Präs. Sbj.	S.	1.	+	*a, e*.	*a*.	*ischa*.
		2.	*s, es*.	*es, as*.	*es*.	*isches*.
		3.	*t, —, e*.	*a, e, —*.	*a*.	+

		I.	II.	IIIa.	IIIb.
	Pl. 1.	am.	am, em.	am.	‡
	2.	‡	‡	‡	
	3.	ant, ent, an.	ant, ent.	ant.	
Impf. Sbj.	S. 1.	assè, ase, ese.	‡	‡	
	2.	esses, eses.			
	3.	ast, est, es.	es.	ist, is.	
	Pl. 1.	esmes.	‡	‡	
	2.	eses.		isses.	
	3.	essant, esant, essent.	essant, essent.	isent, essant.	
Kond.	S. 1.	‡	ia.	‡	
	2.	ias, ies.	I. ies, II. as.	ies.	
	3.	eit, it.	it, eit, ia.	eit.	
	Pl. 1.	‡	‡	‡	
	2.	‡	ies.	‡	
	3.	‡	I. ient, II. ent.	II. ent.	
Imperat.	S. 2.	a, e.	—	—	is.
	Pl. 2.	es, ez.	es, ez.	es.	‡
Infin.		er, ar.	re, er.		
Part. Präs.		ant (anz).	ent, ant.	ent, ant.	
Part. Prät.		é, á, éa, ée.	u, ue.	i, u.	

Beispiele und Bemerkungen geben wir nur da, wo Abweichungen vom gewöhnlichen Gebrauch zu konstatieren sind.

161) In der 1. Sing. des Präs. Ind. finden wir in der 1. Konj. die prov. und namentlich waldens. Formen *preso* 1156, *dopto* 1399 (vergl. Grüzmacher, Archiv XVI, S. 383. Jahrbuch V, 384). Die 3. Sing. der 1. Konj. hat meist die Endung *a*, *et* kommt etwa zwanzigmal und *e* etwa fünfzehnmal vor. Im Reim steht stets *a* oder *e*: *dura* 1824, *fia* 1585, *dona* 1426, *clame* 2052, *apelle* 2602. Im Innern des Verses vor einem Vokal steht immer *a* oder *et* und zwar ohne Elision: *deigna appeller* 1024, *parla o lei* 1077, *parla a la dame* 1064, *refuida et* 2347, *donae a ceuz* 1579, *apellet un* 161, *comencet iso* 936, *comencet a dire* 1814, *oret issi* 406, *laiset aver* 1804. — Die 1. Plur. hat in der 1. Konj. meist *am*: *demandam* 333, *mervillam* 334, 989, *parlam* 1406 zu *am*, *trenblam* 990, *ausam* 980, daneben —*em*: *sacrifiem* 148, *preiem* 1940, *preisem* 229, *parlem* 213, *livrem* 1005, einmal —*um*: *otreium* 691 und einmal —*om*: *amom* 602 zu *hom*. In der 2. Konj. meist —*em*: *creem* 603, 992, 998, *veem* 727, *devem* 214, *conoisem* 1678, zuweilen —*om* und —*um*: *savom* 9, 704, 891, *creum* zu *hom* 725, 760. In der 3. Konj. immer —*em*: *oem* 534, 981, *partem* 1002, *sirvem* 1479. In der 2. Plur. ist in der 1. Konj. *gez* 297 zu bemerken für *getez*. — Die 3. Plur. hat in der 1. Konj. meist —*ent*: *dampnent* 55, *cuident* 476, 574, *ament* 1579, sodann —*unt*: *torneiunt* 102, *outreiunt* 1904, *proiünt* zu *trovént* 2549; einigemal —*ant*: *menasant* 444, *demandant*

1659, einmal —*ont: amont* 1632 und einmal —*en: amen* 1697. Ebenso stehen in der 2. Konj. —*ent* und —*unt* fast gleich häufig nebeneinander: *veent* 265, *creent* 266, 1886, *gaisent* 1951; — *valunt* 278, 854, *respondunt* 1535, *creunt* 1699; —*ont* findet sich in *devont* 338, *naisont* 1623. — Auch in der 3. Konj. —*ent* und —*unt: dementent* 294, reimend mit *sentunt* 293, *vinent (veniunt)* 2581, *devenŭt* 1953. — In der gemischten Form der 3. Konj. haben wir *garentissent* 808, *escharnissent* 642, *garentissunt* 225. — *suffrir* zeigt Schwanken zwischen der Inchoativ-Konj. und der reinen 3. Konj., indem die 2. Sing. neben *sufris* 1996, auch *sufres* 1732, 1734 hat, so dafs es auch zweifelhaft ist, ob in der 2. Plur. *sufres* 1894, *suffres* 624 die prov. Bildung der Inchoativ-Konj. vorliegt.

162) Das Imperf. Ind. hat in der 1. Konj. in der 1. Sing. stets *oie: cuidoie* 1193, *veilloie* 1408, *amoie* 2339, *comandoie* 2340, in der 2. Konj. *ïe, ïa: faisïe* 1133, *creïe* 1134, *savïa* 561 zu *via (vïam)*, nach Analogie zur 3. Konj. *dormia* 1408. Die 2. Sing. kommt in der 1. Konj. nicht vor, in den übrigen entspricht sie der 1. Sing.: *poïes* 1304, *guerpïes* 1884. Die 3. Sing. hat in der 1. Konj. meist —*ot* und zwar durch Reim gesichert: *comandot* 87 zu *ot (habuit)*, 94, *espavantot* 2068 zu *ot, mandot* 1283, *jurot* 1768. — Öfters tritt —*oit* auf: *esperoit* 2341, *reposoit* 2342, *dotoit* 484 reimend mit *istot*. Ebenfalls durch Reim gesichert ist das aus der 2. Konj. (—*ēbat*) übertragene —*eit: contrasteit* 2053 zu *estreit, redopteit* 2137. Einmal —*ava: amava* 1385. In der 2. Konj. steht neben regelmäfsigem —*eit* auch analogisches — *it* und zwar auch im Reim: *temeit* 1065, *meteit* 1423, *deveit* 1746. — *faisit* 1382, *aparit* 427 zu *vit (vidit)*, *poit* 674, 1314. Für *poet* 758 reimend mit *esteit* ist *poeit* zu lesen; ebenso mufs geändert werden *poit* 679 zu *estoit* (s. § 159). In der 3. finden wir einmal das regelmäfsig von —*ibat* abgeleitete —*ia: conduïa* 1652, sonst tritt auch hier analogisches *t* an, so dafs die Formen sich nicht mehr vom Präteritum unterscheiden. Im Plur. kommen in der 1. und 2. nur in der 1. Konj. *cuidavam* 627 und *apreisïes* 943 vor. In der 3. Plur. hat die 1. Konj. meist —*oient* und —*avont: gardoient* 1329, *voloient* (von *volare*) 2122, *menoient* 1253 reimend mit *laideioent* 1254, *deslaseroient* 2079 reimend mit *laisoent* 2080. — *reposavont* 1277, *menavont* 2399, 2491, *amavont* 2274; auch —*avunt: sanavunt* 1518. Dann öfters —*oent: cessoent* 1271, *flagelloent* 1272. In der 2. und 3. Konj. findet sich stets —*ient*, —*iant*, —*iunt: faisient*

1342, batïent 1273, veïent 1059 zu enseveliënt 1060, durmïent 1056 zu estïent, deviant 2257, reconoisïant 779, veniunt 1276.
163) Das Parf. hat in der 1. Konj. in der 1. Sing. meist —ei: baisei 545, 559, mengei 1790, parlei 2074, seltener —ai: laisai 247, 549, 563. — trovaia 558 ist ein Schreibfehler. In der 2. Konj. finden wir einmal die prov. Form segquei 243 reimend mit dem Latinismus dei und einmal entendiu 249 im Reim zu sagui (Ms. sagui), so dafs wohl entendi zu lesen ist. Die 3. Konj. bietet neben oï 253 noch guerpiu 246, das wohl auch in guerpi zu ändern ist; vielleicht sind die Endungen aus lat. ivi durch Vokalisierung des v zu erklären. In der 3. Sing. hat die 2. Konj. ein einziges Mal franz. —it: tollit 921, sonst steht immer prov. —et und zwar reimend mit —eit aus ę + i: deisendet 594, 2115, perdet 596, 765, 908, 923, vendet 643, vende (mit Fall des auslautenden t) 35 zu respeit, respondet 1581 zu esleit, 1841 zu respeit, fendet 2116, nasquet 911 zu despeit, irasquet 509 zu despeit. Wie schon § 24 erwähnt, wird überall i einzusetzen sein. Der einzige Reim, der dem widerspricht, ist respondet 532 zu set (sapit). — Auch respondeit 888 zu despeit verlangt wohl die Änderung in —it, s. § 24. In der 3. Konj. steht immer regelmäfsiges —it: oït 133, 135 zu dist, 539, 640, nuirit 1725 zu aguit, esbaloït 926 zu dist. — In der 3. Plur. ist der tonlose Vokal neben e auch durch u, o ausgedrückt: comencerunt 13, asermerunt 14, sufriront 1016.

164) Wie § 5 erwähnt, tritt in der 1. Konj. die Endung des Fut. und des Kond. oft an —ar statt an —er, in der 3. Konj. fällt das i des Infin. zuweilen. In der 1. Sing. steht —ei häufiger als ai: livrarei 2190 zu lei (Pron. pers.), gitarei 2204, jutgerei 1200, tendrei 950, veirei 1151, direi 416, partrei 1736, 1846, sufrirei 608, 1213, 1216, guerpirei 2474. — fiarai 270, nomerai 812, respondrai 867, metrai 1124, partrai 2475, sufrirai 2476. In der 2. Sing. ist —as häufiger als —es: fiaras 1222, comandaras 1439, metras 1109, querras 1541, muras 1088, 1202, sofriras 448. — regnares 451, creires 725, 837, perdres 2464, sufrires 1232. In der 3. Sing. wieder überwiegend —é: saluaré 1127, vengeré 1880, respondré 2414, perdré 1128, faré 437, vendré 1912, guaré 1911. — enginnara 1068, portara 1227, fara 72, 200, vendra 1225. In der 1. Konj. ist hier einmal der Vokal der Infinitiv-Endung gefallen: donra 2468. Einigemal ist t an e angetreten: tarzeret 1878, iraisseret 1447,

remandret 1449. — Die 1. Plur. hat in der 1. Konj. —*um*: *dopterum* 1004 zu *hom*, in der 2. —*em*: *farem* 151, *creirem* 1030. — In der 3. Plur. ebenso oft —*ent* wie —*ant*: *trapasarent* 1126, *enclinarent* 1174, *regnarent* 1630, *farent* 2194, *dirent* 1161, *sufrirent* 443, 1231. — *vengerant* 1091, *torneierant* 2024, 2026, 2028, *resplandrant* 1638, *aparestrant* 2018, *savrant* 1162 zu *grant*, *oirant* 264, *sufrirant* 1545. Daneben *tornaeront* 442, *creirunt* 1710, *sentran* 298. — Schreibfehler sind *tarzere* (*tarzare*) 1546, *creirem* 1648, *creirerent* 2387, überall mufs —*ent* eintreten. In den Endungen des Futurums hat das Waldens. stets die Schwächung von *a* zu *e* eintreten lassen (Grüzmacher, Jahrb. IV, 383).

165) Im Präs. Subj. der 1. Konj. ist in der 2. und 3. Sing. der auslautende Vokal regelrecht gefallen: *aors* 508, *lais* 2406, *parout* 525, *pest* (*penset*) 798, *dont* (*donet*) 2662, *comant* 90, in der 3. kann auch *t* nach allgemeiner Regel fallen: *don* 2388, *aor* 2362. Zuweilen ist hier analogisches *e* eingeschoben resp. angetreten, und zwar auch wo die auslautende Konsonanz dasselbe nicht verlangt, so dafs wir ebenso wie *donges* 291, *enrage* 1368, *menbre* 1190 auch finden: *despreises* 1816 reimend mit *veiées* (*viatas*), *reneia* 2361 zu *creia*, *preie* 2362. *amerme* 2238, *ajua* (Ms. *aua*) 516. — *Prees* 2226 ist vielleicht Schreibfehler für *preis*, das richtiges Versmafs ergiebt. — Wir haben es offenbar mit der 2. und 3. Sing. des Präs. Subj. zu thun in *menbreis* 1559, *menbreist* 2659; sind diese Formen von *membrescare abzuleiten? Hervorzuheben ist noch die 3. Sing. *contrarit* 2002. In der 2. Konj. findet sich die unregelmäfsige Form *cheil* (*caleat*) 1090. Von der Inchoativ-Konj. kommen die 1. Sing. *sufrischa* 2229 und die 2. Sing. *obedisches* 1927, *perisches* 1928 vor. In der 1. Plur., wie schon erwähnt, —*am*: *priam* 1022, *encoitam* 1025, *donam* 1488, *recevam* 1026, *moiram* 1025, *departam* 1686, einzige Ausnahme *faisem* 1900. Die 3. Plur. hat meist —*ant*, seltener —*ent*: *desneiant* 863, *gardant* 1624, 1626, *donant* 2100, *fasant* 1627, *diant* 1903, *veignant* 467; — *celent* 1489, *revelent* 1490, *veient* 1980, *creent* 2589; einmal —*an*: *loan* 2552.

166) Für das Schwanken von *a* zu *e* im Imperf. Subj. der 1. Konj. führen wir an: 1. Sing. *amenese* 848, neben *cuidassę* 945, *preisase* 847; — 2. Sing. immer *e*: *parleses* 4, *travaillesses* 1783, *laisesses* 1784; — 3. Sing. *remembrest* 897 neben *portast* 164, *deslitrast* 714, 885, 906; ebenso mit Fall des *t*: *resucites* 764 zu *des*

(*deus*). Im Plur. immer *e*: *parlesmes* 1672, *laiseses* 123, *enclinessant* 1139 (s. § 147). In der 3. Konj. steht einmal *e* für *i*: *repentessant* 2394.

167) Im Kond. finden wir 1. Sing. *vaudria* 1144, *voldria* 2480; 2. Sing. *travaillerias* 1179, *profeitaries* 1180, *poriës* 1887, *repentiriës* 1303 zu *poïes*. 3. Sing. *raierit* 85, *abaiserit* 576, *voldrit* 183, 1313, *parestrit* 86, *vencrit* 383, 832, *regnareit* 818, 826, *laisereit* 828, *voldreit* 1072, *fareit* 126, *mureit* 1315. Einmal —*ia*: *faria* 176. In der 2. Plur. haben wir *devries* 1965, in der 3. Plur. *veirïent* 1145, *contendrïent* 1146. Die Formen des 2. Kond. s. § 154.

168) Im Infin. der 1. Konj. erscheint selten —*ar* neben —*er*: *muar* 858, *donar* 36, *predicar* 410, *destorbar* 2510. — Wir lesen *done* 2538 für *doner* reimend mit *loier* und *guereiers* 1344 für *guereier*, jedoch reimend mit dem Acc. Plur. *chavallers*.

169) Im Part. Präs. hat die 1. Konj. stets —*ant*: *contrariant* 230, *trenchant* 2022, *forsennant* 2141. In den andern Konj. tritt seltener —*ant* ein: *veiant* 657, *poisanz* 747, *suduïanz* 1008 zu *tyranz*, *joianz* 1763, *oiant* 615. — Meist bleibt —*ent*: *mescreent* 240, *poisenz* 2157, *vivent* 2043, *sirvent* 161 zu *isnellament*, 2219 zu *torment*.

170) Das Part. Prät. der 1. Konj. hat —*a* in *comanda* 542 und *resucitas* 655; —*et* in *esgardet* 1740, *mandet* 1747. In der 3. Konj. steht *u* neben *i* in *feru* 2021 neben *feriz* 42.

Einzelne Verba.

I. Konjugation.

171) *aller* (*andare*, *vadere*, *ire*). Infin. *aller* 734. — Ind. Präs. Sing. 1. *voi* 1258 zu *joi*, *vou* 1968, 2518. — *voi* findet sich noch 2514 reimend mit *soi* (*sapui*). 2. *vais* 230. 3. *vait* 468, 472, 474. — Ind. Imperf. Sing. 3. *allot* 1374, 1740. — Plur. 3. *aloient* 2076. — Purf. Sing. 3. *alla* 686, 1349, 2269. — Plur. 3. *alerent* 1047, 2437. — Fut. Sing. 1. *irai* 1239. 2. *ires* 153, 1554. — Subj. Präs. Plur. 1. *alam* 1487. — Subj. Imperf. Sing. 3. *allast* 1338, 1357. — Plur. 1. *alesmes* 1671. — Part. Prät. *allez* 205, *alées* 2626.

172) *dare*. Fut. Sing. 1. *darei* 156, 159, 368. 3. *daré* 501, 503, 1850, 1857, *daret* 1696. — Plur. 3. *darent* 1268. — Kond. Sing. 3. *dareit* 1072, *darit* 1461, 1932.

173) *estare*. Infin. *ister* 371, 1930, 2453. — Kond. Sing. 3. *stareit* 1144 (*ben m'istareit* = es würde mir gut gehen). — Subj.

Präs. Plur. 3. *istoient* 1107. Da der Übergang von *ei* zu *oi* unserm Texte nicht zukommt, so kann, selbst abgesehen von den allgemeinen Gründen, von einer Übertragung von den betonten Konjunktiv-Endungen —*éam*, —*éas* etc. der 2. lat. Konj. her kaum die Rede sein. Unser Text spricht vielmehr für die Ansicht Boucheries (Rev. d. l. r. II, 57), dafs wir es mit der syntaktischen Thatsache der Tempusverschiebung zu thun haben, indem der Ind. Impf. (*oi* aus *ou*) für den Konj. Präs. eintrat (vergl. Apfelstedt, lothr. Ps. § 123). — Subj. Impf. Plur. 3. *istesant* 411 zu *aguessant*.

II. Konjugation.

174) *credere*. *credere* folgt im Prov. bekanntlich der 2. schwachen Konj., im franz. der 3. starken. Wir finden die 2. Sing. Subj. Impf. *creesses* 226 nach der schwachen, und die 3. Plur. Prät. *creirant* 1970. „*maint en creirant en Jhesu Crist.*" Da *creirant* als Prät. unmöglich ist, so ist *en* zu streichen und *creïrant* zu lesen, oder in Übereinstimmung mit *creesses creerant* zu setzen. Das Part. Präs. ist *mes-creent* 240; Part. Prät. *creu* 1680. Im Waldens. scheint sich *credere* ebenfalls dem Prov. anzuschliefsen, da Grüzmacher ll. cc. es unter den starken Verben nicht anführt.

175) *sequere. Ind. Präs. Plur. 3. *segunt* 254. — Prät. Sing. 1. *segquei* 243 zu *dei* (*deum*). — Plur. 3. *seguerunt* 2374.

176) *stopere. Ind. Präs. Sing. 3. *estot* 202 zu *pot*, 693 zu *pot*, *estuet* 1427, 1839.

III. Konjugation.

177) *audire*. Infin. *oïr* 322, 474, 522. — Ind. Präs. Sing. 1. *oi* 673, 675. 2. *os* 803, 806. 3. *ot* 88, 1807. — Plur. 1. *oem* 534, 981. 2. *oes* 788. — Prät. Sing. 1. *oï* 253. 3. *oït* 133, 135, 539. — Fut. Plur. 3. *oirant* 264. — Subj. Präs. Sing. 3. *oia* 194. — Imper. Sing. *oï* 407. — Part. Präs. *oiant* 615. — Part. Prät. *oï* 2657, *oïa* (*oie*) 52, 1197, 1675.

178) *cooperire. Ind. Präs. Sing. 3. *descovre* 1387. — Part. Prät. *descuverta* 996.

179) *exire*. Infin. *issir* 1477. — Ind. Präs. Plur. 3. *eissent* 1651. — Prät. Sing. 3. *isit* 2609, 2611.

180) *fallere*. Ind. Präs. Sing. 1. *fail* 535 zu *travail*; 3. *fal* 2000. Plur. 2. *faillez* 118.

Laut- und Formenlehre des poitevinischen Katharinenlebens. 51

181) *fugere.* Infin. *fuir* 1330. Ind. Präs. Sing. 3. *fuit* 1029, 1130, 2162.

182) **morire.* Infin. *murir* 674, 891, 1234, *morir* 679. Ind. Präs. Sing. 1. *mor* 1478. — Prät. Sing. 3. *murit* 760, 877, 895. 902. — Fut. Sing. 2. *muras* 1088, 1202, 1269; 3. *muré* 1754, 2249. Plur. 3. *murant* 1623. — Subj. Präs. Sing. 2. *moires* 1838; 3. *moira* 1908. Plur. 1. *moiram* 1025. — Subj. Imperf. Sing. 3. *murist* 681, 749, 892. — Kond. Sing. 3. *mureit* 1315. — Part. Prät. *morz* (*mors*) 685, 897, 986, 2132, *mort* 119, 733, 737, *morta* 2367. — *mortz* 2166 hat den aktiven Sinn von „getötet".

183) *offerre.* Ind. Präs. Sing. 1. *ufris* 1874. — Fut. Sing. 1. *ufrirai* 1867.

184) *sufferre.* Ind. Präs. Sing. 1. *sufris* 1235; 2. *sufris* 1996, *sufres* 1732, 1734; 3. *sufrist* 1282. Plur. 2. *sufres* 1894, *sufres* 624. — Prät. Sing. 3. *sufrit* 713 zu *fist*, 878, 1210, *suffrit* 900, 912, 2649. Plur. 3. *sufriront* 1016. — Fut. Sing. 1. *sufrirei* 608, 1296, 1299, *sufrerei* 1213, 1216, *sufrirai* 2476. Sing. 2. *sufriras* 1547, 1557, *sofriras* 448, *sufrires* 1232. Plur. 2. *sufrires* 1898. Plur. 3. *sufrirent* 443, 1231, *sufrirant* 1545, *suffrirant* 439. — Subj. Präs. Sing. 1. *sufrischa* 2229. Subj. Impf. Sing. 3. *sufrist* 682, 750, 916. — Imperf. Sing. *suffris* 437. Part. Prät. *sufri* 2624, *sofria* 619, *sufert* 1093.

Starke Konjugation.

184) Bekanntlich haben einige Verba im Prov. und Afr. verschiedene Bildung. Unser Text zeigt auch hier das Schwanken zwischen prov. und franz. Formen. *Credere* wurde bereits oben (§ 174) besprochen; ebenso erwähnten wir schon (§ 182) das Prät. *murit.* *tenere* bildet sein Prät. stets wie im Prov. nach der 3. Klasse, *venire* schwankt zwischen dieser und der 1., jedoch überwiegen die prov. Formen; *mittere* hat neben franz. *mis* auch prov. *mes.*

Dem Prov. und Waldens. (Jahrb. IV, 377 ff.) entsprechen auch die in der 3. Klasse der starken Verba häufig auftretenden Präterita in —*gui* (*c*). Wir finden: *agui* neben häufigerem *oi*, *aguit* neben *ot*, *aguiront* etc. dreimal gegen einmal *orent*; im Subj. nur einmal *aust*; im Part. *agu* zweimal neben einmal *aua* (s. § 158). *Tenere* bildet *tenc*, *tenguessant* (s. § 187); *venire*: *venc*, *venguit*, *vengrunt*, *venguirunt*, *vengus* (neben *venu*), im Subj. jedoch *venessant*, *venesant* (s. § 188); *debere*: *deguist*, *deguessant* neben *deussaut* (s. § 218), *cog-*

noscere Part. *reconogus* (Prät. *reconu*) (s. § 223); *parescere*: *apareguirent* neben *parut, aparut* (s. § 224); *pascere*: *paguit, pagu, pagua* (s. § 225); *pluere*: *plogu* (s. § 226); **potere*: *poc, poguit, poguirunt, pogues', poguist* neben *pot, poïst, poessant* (s. § 227); *sapere*: *sagui*, meist *soi* etc. (s. § 228); *volere*: *volc, volguisse, volguessa, volgueses, volguist*, daneben *voldrent* (s. § 231). Für die ganze 3. starke Konj. ergiebt sich demgemäfs ein Überwiegen der prov.-wald. Bildung.

Da wir diejenigen Formen der starken Verba, welche in ihrer Bildung mit der schwachen Konjugation übereinstimmen, bereits früher erwähnt haben, so geben wir aufser den stark gebildeten Formen nur diejenigen, welche irgeud eine Besonderheit bieten.

Wir ordnen die Verba im Anschlufs an das Französische.

I. Klasse.

186) *facere*. Infin. *faire* 50, 84, 155, 242, *far* 2311. — Ind. Präs. Sing. 3. *fait* 116, 190, 341, 511, *fai* 111, 2039, 2098. Plur. 1. *faisem* 21, 147, 1480; Plur. 2. *faides* 120, 551, 1019, *faises* 1893; Plur. 3. *fant* 47, 89, 90, *font* 1784. Prät. Sing. 1. *fist* 1120 (für *fis*), Sing. 3. *fist* 79 zu *mist*, 203, 211, 714 zu *sufrit*, 1182 zu *Crist*, *fit* 2047 zu *poit*; dreimal, aber nie im Reim die prov. Form *feï* 667, 1691, 1871; Plur. 3. *firent* 1917, 2307. Im Subj. Präs. Sing. 3. steht neben *faie* 1188 zu *menace* auch *faisa* 2660. Die 1. Plur. ist *faisem* 1900, die 1. Sing. *faza* 2462 und ebenso die 3. Plur. *fasant* 1627.

Wir erwähnen hier den Ausdruck *faire à* (*fant à* 47) = würdig sein (s. Burg, gr. d. l. l. d'oïl II, 167).

187) *tenere*. Infin. *tener* 955, *tenir* 838, *mantenir* 673. Ind. Präs. Sing. 1. *tein* 50, *ten* 59, *tenc* 2316, *c* wahrscheinlich aus *g*, das aus *i* in **tenio*; Sing. 3. *ten* 61, 2349, *tent* 114; Plur. 1. *tenem* 1702; Plur. 2. *tenes* 26. Prät. Sing. 3. *tenc* 510, 1726 aus *tenuit* **tenguit*, also wie prov. — Subj. Impf. Plur. 3. *tenguessant* 2215.

188) *venire*. Ind. Präs. Sing. 3. *vent* 103, 113, *covint* 2015, 2237; Plur. 3. *vinent* 2581 zu *dement*, *devenunt* 1953. — Prät. zeigt franz. und prov. Formen: Sing. 3. *vint* 15, 322 zu *eslit*, 399, *venc* 259, 686, 1741, 1744, *venguit* 1738 zu *dit*. Plur. 3. *vindrent* 2123 zu *ocistrent*, 2617, *vengrunt* 650, *avenguirent* 2608. — Subj. Präs. Sing. 3. *veina* 2422; Plur. 3. *veignant* 467. Subj. Impf. Plur. 3. *venessant* 169, *venesant* 172 zu *hastessént* (Ms. *gasd*—). — Part. Prät. *venu* 323, 400, 1543, *vengus* 311, 2563.

189) *videre.* Ind. Impf. Sing. 1. *veïa* 1407 zu *dormia*; Plur. 3. *veïent* 1059 zu *enserelient.* — Prät. Sing. 1. *vi* 1429, 1469, 1598; 3. *vit* 428, 542, 933, *viz* 2066 reimend mit *ardis*; Plur. 3. *virent* 1057, 1503 zu *chaistrent*, 1657, *viront* 1501. Fut. Sing. 1. *veirei* 1151 etc. Subj. Impf. Sing. 3. *veïst* 1055, 1318; Plur. 3. *veïssant* 1978. — Part. Prät. *veü* 1397, 1596, 2167.

II. Klasse.

190) *ardere.* Infin. *arder* 1010. — Part. Prät. *ars* 1468.

191) *occidere.* Infin. *ocire* 444, 1238, 2285. — Prät. Sing. 3. *ocist* 767, 768; Plur. 3. *ocistrent* 2124 zu *vindrent.* — Part. Prät. *ocisa* 356, 1829.

192) *claudere.* Part. Prät. *enclose* 1250 zu *chose, conclusa (concluse)* 182, 361 zu *refuse.*

193) *dicere.* Infin. *dire* 32, 376, 698. — Ind. Präs. Sing. 1. *di* 792, 863, 1097, *diu* 769, 963, 1113, *dic* 2101; 2. *dis* 37, 75, 271, *dist* 1087; 3. *dit* 185, 189, 352, *di* 2223. Plur. 2. *dites* 703, 707, 1964; 3. *dient* 807, 1769, 1942. — Prät. Sing. 1. *dis* 1196 zu *vis*, 1434, *diz* 2073. 2. *diz* 683 ist wohl Schreibfehler für *dizis*, das auch das Versmafs fordert. 3. *dist* 69, 71, 136. Plur. 3. *distrent* 327, 655, 656, *distrunt* 839, 849. — Subj. Präs. Sing. 2. *dias* 273, 1833; 3. *dia* 528. Plur. 1. *disem* 533; 3. *diant* 1903. — Subj. Impf. Sing. 1. *disissa* 1396; 3. *disist* 627, 781, *dises* 1056. — Part. Prät. *dit* 393, 459, 873, *dist* 2352 zu *Crist.*

maledicere hat im Part. Prät. *malaït* (aus *maledictum*, *maleït) 2042 zu *fist.*

194) *ducere.* Part. Präs. *su-duianz* 1008. — Part. Prät. *soduite* 2353.

195) *docere.* Part. Prät. *doiz* 649 zu *notz* (*noctem*).

196) *jungere.* Part. Prät. *jointes* 2020.

197) *manere.* Prät. Sing. 3. *remast* 461. Part. Prät. *remas* 2272.

198) *mittere.* Infin. *metre* 1356. — Prät. Sing. 3. *mist* 80, 1525, 2278, *tramist* 588, 1326, *promis* 1461. Plur. 3. *mistrent* 2196. — Part. Prät. hat franz. *mis* 38, 43, 652, 830; Fem. *misa* 1308, 1540, 1704, *misse* 1262, 1321, und prov. *mes* 2451, *trames* 380.

199) *monere.* Part. Prät. *somos* 1340 zu *uchisons*, 1892 zu *sons* (Ms. *sens*).

54   Laut- und Formenlehre des poitevinischen Katharinenlebens.

200) *prendere.* Infin. *pendre* 2406, *apendre* 1153. — Ind. Präs. Sing. 2. *prenz* 1096. Plur. 3. *prenunt* 2219. — Ind. Impf. Sing. 3. *prenneit* 1421. — Prät. Sing. 1. *pris* 665, *apris* 560; 3. *prist* 766, 905, 910, 1054, *pris* 2271. Plur. 3. *pristrent* 1649; hier finden wir einmal wie im Prov. (vergl. Diez, Gr. II⁴, 214) schwache Flexion: *preserent* 2281 zu *querent.* — Fut. Sing. 3. *pendra* 2001; Plur. 3. *pendrant* 2192. — Subj. Präs. Sing. 1. *prenna* 364; 3. *prenna* 1960, 2151 zu *costreigna*, 2237 zu *amerme.* — Subj. Impf. Sing. 3. *presist* 711. Plur. 3. *presessant* 1245, 2214; *presesses* 2216 ist ein Schreibfehler. — Part. Prät. *pris* 829, 897, 913, *apris* 565, *reprisa* 149.

201) *quaerere.* Prät. Sing. 1. *quis* 248; 3. *quist* 2530, *requist* 1388. — Part. Prät. *quis* 438, 2585, *requis* 2595.

202) *ridere.* Prät. Sing. 3. *rist* 70, 1135.

203) *scribere.* Part. Prät. *escrit* 874.

204) *sedere.* Ind. Impf. Plur. 3. *seïant* 1411, *seïent* 1520 zu *esteient.*

Gehört hierher auch der Ausdruck *seit sei* 1409, 1515?

205) *respondere* bildet das schwache Prät. *respondet* 532, 872, 957, *responderent* 328. — Part. Prät. *respondu* 1663, 1941, 2465.

206) *stringere.* Ind. Präs. Sing. 2. *destreinz* 2410 zu *venz (vincis)*; 3. *costrent* 1752 zu *vent (vincit).* Subj. Präs. Sing. 3. *costreigna* 2152 zu *prenna.* — Part. Prät. *destreit* 1767, *destreiz* 797, *costreint* 777 zu *veint (vincit).*

207) **strūgere.* Prät. Sing. 3. das Ms. hat *destruisit* 2118, wofür wahrscheinlich (*il*) *destruist* zu lesen ist. — Part. Prät *destruit* 780, 903.

208) *surgere.* Ind. Präs. Plur. 3. *resorzent* 737. — Prät. Sing. 3. *sorz* 1335. Ein Latinismus ist *resurrex* 46, 988 von der Auferstehung Christi gebraucht.

209) *tangere.* Ind. Präs. Sing. 3. *taint* 2520.

210) *timere.* Ind. Präs. Sing. 3. *tem* 346, 1756, 2401; Plur. 3. *tement* 1979 zu *veient.* — Ind. Impf. Sing. 3. *temeit* 1065. — Subj. Präs. Sing. 2. *temes* 1552.

211) *tingere, pingere.* Part. Prät. *teint* 290, *peint* 289.

212) *torquere.* Ind. Präs. Sing. 3. *detorz* 1890. — Prät. Plur. 3. *tortrent* (aus älterem *torstrent*) 2263.

213) **tragere.* Infin. *traire* 854, Part. Prät. *trait* 853, 1015, 1755.

III. Klasse.

214) *bibere*. Infin. *bevre* 1431. — Prät. Sing. 3. *bit* 686.
215) *cadere*. Prät. Sing. 3. *chaistrent* 1504 zu *virent*.
216) *calere*. Ind. Präs. Sing. 3. *chaut* 131, 1176. — Subj. Präs. Sing. 3. *cheil* 1090.
217) *capere*. Infin. *apercever* 1594. — Prät. Sing. 1. *aperceu* 245, *recui* (?) 548 (Ms. ohne *i*-Punkt) reimend mit *reconu*, wofür vermutlich auch *reconui* zu lesen ist; Sing. 3. *recevit* 762, 2646 zu *sufrit*. *credere* s. § 174.
218) *debere*. Subj. Impf. Sing. 3. *deguist* 1745. Plur. 2. *deguesses* 584; 3. *deussant* 2292 zu *aguessant*.
219) *irascere*. Infin. *iraistre* 2370, *irastre* 2391. — Prät. Sing. 3. *irasquet* 509 zu *despeit*, 935, 1889. — Fut. Sing. 3. *iraisseret* 1447.
220) *legere*. Prät. Sing. 3. *elesquet* 1582 zu *deisendet*. Part. Prät. *eslit* 321 zu *vint*, *esleit* 1582 zu *respondet*. — *electa* 10 zu *sesta* ist ein Latinismus.
*morire s. § 182.
221) *nascere*. Infin. *naistre* 2335 zu *empaite*. — Ind. Präs. Sing. 3. *neist* 2632 zu *geist* (*jacet*). Plur. 3. *naisont* 1623, *naisent* 1952 zu *gaisent*. — Prät. Sing. 3. *nasquet* 600, 911.
222) *nocere*. Präs. Ind. Sing. 3. *noit* 390.
223) *noscere*. Infin. *conoistre* 424. — Prät. Sing. 1. *reconu* 547, s. § 219. — Part. Prät. *reconogus* 2628.
224) *parescere*. Ind. Präs. Sing. 3. *pareist* 1538, *pareis* 586, *apareis* 2297. Plur. 3. *apareisent* 100. — Ind. Impf. Sing. 3. *aparit* 427 zu *vit* (*vidit*). — Prät. Sing. 3. *parut* 2279 zu *saupuz*, *aparut* 1728. Plur. 3. *apareguirent* 2607.
225) *pascere*. Prät. Sing. 3. *paguit* 1721 zu *garit*, 1795. — Part. Prät. *pagu* 1794, *pagua* 1769.
226) *pluere*. Part. Prät. *plogu* 115.
227) *potere*. Infin. *poer* 979 (Subst.). — Ind. Präs. Sing. 1. *pois* 138, 507, 1155 2. *pos* 132, 144, 506; 3. *pot* 201 zu *estot*, 516, 694 zu *estot*, 881 zu *ot* (*habuit*); *puet* 112, 366, 540. Plur. 2. *poes* 313, *poez* 367; 3. *pount* 84, 286, 304. — Ind. Impf. Sing. 1. Das Ms. hat dreimal, darunter zweimal im hypothetischen Satze *poin* 138, 1141, 1414, wofür vermutlich *poïa* zu lesen ist, das eine Änderung des Metrums nicht bewirkt, da stets ein Vokal folgt; 2. *poïes* 204 zu *repentiries*; 3. *poït* 674, 1314, 2048. In *poeit* ist zu ändern

poit 679 und *poet* 758 (s. § 157). Plur. 3. *poient* 2400. — Prät. Sing. 3. *pot* 816, 881, 883, 884, *poc* 648, *poguit* 676. Plur. 3. *poguirunt* 932, 1463. — Fut. Sing. 1. *porei* 1151, 1153, 1154; 2. *poras* 723, *poires* 2457; 3. *porra* 1112. Plur. 3. *porant* 440. — Subj. Präs. Sing. 1. *poscha* 2233; 3. *poscha* 1915. Plur. 3. *poschant* 418, 421. — Subj. Impf. Sing. 1. *pogues'* 356; 3. *poïst* 1391, 2592, *poguist* 692, 782. Plur. 3. *poessant* 1460. — Kond. Sing. 2. *pories* 1887.

228) *sapere*. Infin. *saver* 232, 235, 313. Ind. Präs. Sing. 1. *sai* 28, 34, 56, 57, vielleicht ist auch *sai* zu lesen für *soi* 2513 (s. § 166); 2. *sas* 1435, 1448, 1779, *ses* 1992; 3. *set* 384, 531 zu *respondet*, 566, *sat* 88, 1912, 638, *sait* 2365, *seit* 2348 zu *despreit* (*dispretiat*). Plur. 1. *savem* 47, 125, 582, *savom* 9, 704, 891, *savum* 64; 3. *savont* 287, 289, 301, *sarunt* 1334. — Prät. Sing. 1. *soi* 553, 2321, *son* 564 ist Schreibfehler für *soi*, *sagui* 250; 3. *sot* 2131; Plur. 3. *sorent* 927, 1348, *sorunt* 2275, 2281. — Subj. Impf. Sing. 2. *sausses* 1082; 3. *saust* 146. — Part. Prät. *saupuz* 2280, *saupua* 2094.

229) *tollere* hat das schwache Prät. *tollit* 921. — Part. Prät. *tollu* 222.

230) *vivere*. Infin. *vivre* 1843. — Ind. Präs. Sing. 1. *vic* 2333; 3. *vit* 394 (Ms. *iut* für *uit*), 2663. — Prät. Sing. 3. *visquet* 238. — Fut. Sing. 2. *vivres* 1840. Plur. 3. *vivrent* 1629.

231) *volere*. Infin. *voler* 1450 (Subst.). Ind. Präs. Sing. 1. *voil* 851, 961, 1108; 2. *vouz* 715, 771, 837 zu *os* (*illos*), 1861 zu *souz* (*sot*), *volz* 157, *vous* 154; *vout* 74 und *vauz* 422, 1143 sind Schreibfehler für *vouz*; 3. *vout* 66, 100, 107, *vol* 199, 514, 1494, *volt* 609, 710. Plur. 2. *voles* 369, 371, 787, *volez* 701; Plur. 3. *volunt* 2285. — Prät. Sing. 1. *volc* 564; 3. *volc* 1298, 1317, 1774. Plur. 3. *voldrent* 320; *voltrum* 36 ist Schreibfehler für *voldrunt*. — Subj. Impf. Sing. 1. *volguisse* 1081, 2186, *volguessa* 1825; 2. *volgueses* 1194; 3. *volguist* 1369, 2132.

Wir haben im vorhergehenden oft bemerkt, wie unser Text zwischen prov. und franz. Entwickelung schwankt. Eine genauere Darstellung des Verhältnisses der prov. und franz. Elemente gedenke ich demnächst zu geben.